江西经济发展研究丛书

Scientific Development Models and Realization Routes of
Counties in Jiangxi Province

江西县域科学发展模式及实现途径研究

赵 波 著

经济管理出版社
ECONOMY & MANAGEMENT PUBLISHING HOUSE

图书在版编目（CIP）数据

江西县域科学发展模式及实现途径研究/赵波等著 . —北京：经济管理出版社，2015.9
ISBN 978 - 7 - 5096 - 3893 - 4

Ⅰ.①江…　Ⅱ.①赵…　Ⅲ.①县级经济—区域经济发展—研究—江西省　Ⅳ.①F127.564

中国版本图书馆 CIP 数据核字（2015）第 193666 号

组稿编辑：杜　菲
责任编辑：杜　菲
责任印制：司东翔
责任校对：王　淼

出版发行：经济管理出版社
　　　　　（北京市海淀区北蜂窝 8 号中雅大厦 A 座 11 层　100038）
网　　址：www. E - mp. com. cn
电　　话：（010）51915602
印　　刷：北京九州迅驰传媒文化有限公司
经　　销：新华书店
开　　本：720mm × 1000mm/16
印　　张：13.5
字　　数：172 千字
版　　次：2015 年 9 月第 1 版　　2015 年 9 月第 1 次印刷
书　　号：ISBN 978 - 7 - 5096 - 3893 - 4
定　　价：45.00 元

前　言

　　"郡县治，天下安。"县域生活着大部分人口，是国家最基本的经济社会单元，是承上启下、联结城乡的枢纽，故推进县域科学发展的建设，是树立科学发展观、构筑和谐社会、全面推进社会主义小康建设的重要任务。江西共设有80个县（市）（不含市辖区，下同），其中70个县，10个县级市，全省县域土地面积为15.55万平方千米，占全省总面积的93.2%，人口3592万人，占全省总人口的81.0%。县域成为江西经济的主体，是扩大内需的主流，是解决"三农"问题的主战场，是维系国计民生的主要根基，是工业资源的主要基地。

　　在中共十八届三中全会和省委十三届七次、八次全会的号召下，江西把大力发展县域经济，增强县域发展的活力与实力当作一项重要而紧迫的任务，努力"做大中心城市、做强县域经济"。然而，近年江西县域经济虽有较大发展，但总体看，江西县域经济综合实力仍不强，经济结构不尽合理，市场竞争能力和应变能力较弱，大部分县依然是"农业大县、工业小县、财政穷县"。江西县域发展面临着阻碍和"瓶颈"，对江西省县域科学发展模式的研究以及促进县域经济科学稳健发展的研究需求迫在眉睫。因此，在科学发展观指导下，以江西师范大学为主体的研究团队对江西县域发展现状进行调查研究，分析县域科学发展存在的问题与障碍，探索适合江西各县域科学发展的模式和运行机制，并提出江西省县域科学发展的实现途径，为江西县域科学发展及相关政策提供依据和参考。

所有研究成果汇集成了这本专著——《江西县域科学发展模式及实现途径研究》，全书共包括九章，各章主要内容如下：

第一章导论，交代了县域科学发展研究的背景和意义，并对县域发展、县域经济、县域科学发展模式的内涵进行了总结。

第二章县域科学发展模式理论基础，对与县域科学发展相关的理论，如区域经济学相关理论（增长极理论、区域分工理论）、产业经济学相关理论（产业结构理论、产业集群理论）、发展经济学相关理论（刘易斯二元经济理论、乔根森模型）、可持续发展理论、科学发展理论等进行了梳理。

第三章国内外县域科学发展模式的典型案例及经验借鉴，通过对美、日、韩、法、瑞士、粤、浙、苏、鲁等国内外典型县域发展案例和效应情况进行比较介绍，归纳其成功的科学发展模式和实现路径，并提炼出对江西县域科学发展的模式选择和实现路径具有经验性和启示性的内容。

第四章江西县域发展历程及现状分析，对江西县域发展历程进行整合和分析，总结江西县域发展的阶段性特征和模式特色，构建江西县域科学发展的综合评价指标体系，并运用因子分析法对江西县域科学发展现状进行全面而具体的分析。

第五章江西县域发展综合评价，基于江西县域层面的截面数据，构建江西县域科学发展的综合评价指标体系，并运用因子分析法对江西县域科学发展现状进行全面而具体的分析。

第六章江西县域发展中存在的问题、原因及障碍分析，甄别了江西县域发展中存在的问题，挖掘了问题存在的深层次原因，并总结了江西县域科学发展面临的障碍。

第七章江西县域科学发展模式的探索及机制创新，提炼出江西特有的几种类型县域发展模式并举例分析，从主体机制、动力机制和保障机制三方面提出保障江西县域科学发展的机制创新思路。

第八章江西县域科学发展的实现途径与完善措施，从行政体制、管理体系、产业结构、区域合作、县域发展制度和生态保障六方面提出实现江西县域科学发展的途径和措施。

第九章江西县域科学发展的案例研究，选择了宜春高安市（产业联动型）、鹰潭贵溪市（循环经济型）、上饶婺源县（旅游资源带动型）、上饶广丰县（返乡创业型）、赣州龙南县（产业承接型）、抚州南丰县（农业产业型）、萍乡市（资源转型型）、新余分宜县（国企改革型）和宜春樟树市（传统文化型）作为案例研究对象，详细分析了这些案例县域科学发展的成功之路。

本书最大的创新点在于提出了江西县域科学发展的总体模式和机制创新，即以地方县域特色为根本、功能定位错位发展，以经济、生态和民生和谐发展为目标，以发展特色产业集群为主线，以"企业主导＋政府引导"为主体机制，以"创新驱动＋项目拉动（招商引资）＋科学绩效考评＋官员问责制"为动力机制，以"人力资源开发与引进＋金融支持＋政策支持＋体制创新"为保障机制。为在经济发展方式不断转型升级的新形势下，着力发展壮大江西县域经济，使之沿着全面协调、可持续发展的轨道前进，从而实现江西"发展升级、小康提速、绿色崛起、实干兴赣"的目标具有重大而深远的意义。

赵　波

2015 年 4 月于南昌

目　　录

第一章　导　论

一、研究背景及意义

（一）研究背景

"县乃国之基"，"郡县治，天下安"。县域生活着大部分人口，是国家最基本的经济社会单元，涵盖城镇与乡村，是承上启下、联结城乡的枢纽，故推进县域科学发展的建设，是树立科学发展观、构筑和谐社会、全面推进社会主义小康建设的重要任务。县域经济是国民经济的重要组成部分，县域经济发展越来越突出地影响到政权稳定、社会稳定、农民增收，以至成为关系提高综合国力、全面推进现代化建设的战略问题。县域经济还关系着中国绝大多数国民的收入和就业，是名副其实的国本经济、民生经济和稳定经济。

中共十六大明确提出，未来20年我国国民经济和社会发展的总体目标是全面建设小康社会，实现这一宏伟目标最大的难点和重点在于占国土面积93%、人口85%的县域，因此，2002年，中共十六大第一次鲜明地提出了"壮大县域经济"。2012年，中共十八大政府工作报告首次提到了要合理控制特大城市和大城市规模，强调要增强中小城市和小城镇产业发展、公共服务、吸纳就业、人口集聚功能；要进一步强化农业农村发展基础，推动城乡发展一体化，形成"以工促农、以城带乡、工农互惠、城乡一体"的新型工农、城乡关系。县域经济处于宏观经济与微观经济的接合部，是城市经济与农村经济的联结点，是社会主义市场经济的主要载体、劳动就业的主要依托、解决"三农"问题的主要战场、维系国计民生的主要根基。因此，要实现报告中提出的经济目标、民生目标和社会发展目标，县域发展是重中之重。

江西共有80个县（市），其中70个县，10个县级市。全省县域土地面积为15.55万平方千米，占全省总面积的93.2%，人口3592万，占全省总人口的81.0%。江西是农业大省，全省近60%的人口生活在农村，因此，县域成为江西经济的主体，是扩大内需的主流。江西要发展、要崛起，必须把壮大县域经济作为突破口，把激活县域经济作为江西最紧迫的任务。

在中共十八大的号召下，江西把大力发展县域经济，增强县域发展的活力与实力当作一项重要而紧迫的任务，努力"做大中心城市、做强县域经济"。然而，近年江西县域经济虽有较大发展，但总体看，江西县域经济综合实力仍不强，经济结构不尽合理，市场竞争能力和应变能力较弱。此外，江西县域发展的产业结构矛盾突出，区域发展不平衡，生产要素和发展环境有待优化，大部分县依然是"农业大县、工业小县、财政穷县"。江西县域发展面临着阻碍和"瓶颈"，对江西县域科学发展模式的研究以及促进县域经济科学稳健发展的研究需求迫在眉睫。因此，课题组在科学发展观指导下，对江西省县域情况进行调查研究，分析县域科学发展存在的问题与挑战，进一步挖掘深层根源和对策，探索适合江西各县域科学发展的模式和运行机制，以指导江西县域科学发展，也为相关政策提供依据和参考。

（二）研究意义

本书在系统研究和总结中国县域发展模式的基础上，通过文献研究和实地调研，了解江西县域科学发展的现况、问题、深层次原因与障碍，提出江西县域科学发展模式及运行机制，对县域发展和国民经济的建设具有重要的现实意义和理论价值。

1. 对于全面建设县域小康社会和新农村建设具有重要的现实意义

县域是国民经济社会的基本单元，是国民经济发展的原动力。县域从业人口占我国从业人口的绝大多数，县域企业产值占据全国工业经济的"半壁江山"，县域是维系国计民生的主要根基。目前农村凋敝、大城市人口又过分集中，造成一系列不良的环境问题和社会问题。若要改变"头重脚轻"的人口分布格局，唯有做大中间力量，即大力发展县域经济，县域经济作为中国全面建设小康社会的基本载体，其发展越来越突出地影响到政权稳定、社会稳定，以至成为关系到综合国力提升、现代化建设的战略问题。县域科学发展模式的研究，以及促进县域经济科学稳健发展的研究，对于江西省建设小康社会和建设新农村具有重要的现实意义。

2. 为构建江西县域科学发展模式的行动指南提供重要依据

本课题以区域经济学的增长极理论、区域分工理论，发展经济学的二元经济理论，产业经济学的产业结构和产业集群理论，可持续发展、和谐发展及科学发展观等理论为研究的基础，通过对江西省县域发展的现状、问题及存在的障碍进行研究，同时结合国内外典型县域发展模式案例的经验总结，对江西省县域发展模式的思路与实现途径进行探讨，对于更好地发展江西县域经济，提升县域综合实力具有重要意义。

3. 对江西县域中长期发展的方向和重点具有重要的理论参考意义

江西县域经济与省域、市域和泛地域性经济有着量和质的区别，其主要特征是以农为主，与资源优势联系紧密。因此，县域经济的发展既要在省域和市域的宏观引导下，同时更要结合县域的区位特点及具体条件，研究其科学发展模式，并提出相应的发展策略。县域发展的成功由于存在各种先天和不可复制的因素，不可能是统一和简单抄袭的，必须结合当地县域的特色和基础，形成自己的科学发展模式，而其模式的选择和确定必将影响该县域中长期发展方向和发展重点，因此，本书对于县域中长期的发展方向具有重要的理论参考意义。

4. 构建符合江西县域发展特点的县域科学发展综合指标体系，丰富并拓展我国县域发展规律和模式的理论研究

本书以区域经济发展不平衡为背景，以促进欠发达地区县域科学发展和实现后发突破为目标，综合利用多学科理论，对江西县域科学发展过程中存在的一些问题进行探讨，总结和描述江西县域发展的历程、特征及模式特色，丰富区域发展理论，拓展目前学术界对于欠发达地区县域科学发展模式的理论研究。同时，课题组在国家统计局已有的统计指标和监测数据的基础上进行提炼，在现有文献基础上，建立江西县域科学发展的综合评价指标体系，为探索推进江西县域科学发展提供理论支撑与政策决策依据。

5. 为其他欠发达地区打造自己特色的县域发展模式提供重要参考

壮大县域经济是统筹城乡、统筹区域经济发展的新思维，有效改

善我国农村人口稀少、大城市人口过于集中的人口分布格局，是推进工业化、城镇化的新思路。但是中国县域发展的差异性和不平衡性也是非常明显的，无论是东部、中部、西部的地区差异，还是同一个省域内的县域间发展不均等，都是非常值得关注的问题。就目前来说，没有而且也不可能存在一个"放之四海而皆准"的范式或发展模式可以供全国不同县域套用，各区域的发展应该根据当地的资源禀赋和传统优势因地制宜地规划和开发。对于经济欠发达地区的县域而言，应该尽可能在现有优势基础上，利用"后发优势"和对"特色经济"的把握，做到经济、生态和民生共重的科学发展模式，以达到县域科学协调均衡发展的目的。因此，对江西县域科学发展模式的研究具有重要的实践和推广意义。

二、县域发展的内涵

县域在历史上是我国行政区划设置的基本单位，是相对独立、相对完整的经济行政区域。作为国家行政管理相对完整的基本地域单元，县域直接面向乡村和微观社会经济实体，宏观特性和微观特性兼而有之，是经济、社会和物质建设三个方面的统一体。县域发展集中反映了县域范围内的经济和社会的全局发展，包含政治、经济、文化、教育和公共事业等方面的问题。具体而言，表现为县级和乡村基层政权体制问题，农村土地问题，乡村、群体平衡发展问题，城镇化、工业化、现代化问题，社会保障问题，义务教育、公共卫生问题等。

发展是自然界和人类社会的一种普遍现象，我们常常可以看到事物由小到大、由简到繁、由低级到高级、由旧质到新质的运动变化过程。但是，在进行研究时要正确区分县域经济增长和县域经济发展。经济增长是指在一定时期内由于就业人数的增加、资本投入增长和技术进步等原因，经济规模在数量上的扩大。经济发展不仅包括产出量的增加，而且还包括随着产出的增加而出现的经济结构的高级化、国民收入分配公平、充分就业、城乡居民生活水平和文化水平提高、人均寿命延长等。美国发展经济学权威人士托达罗对经济发展含义做出了较为全面的概括，他认为"发展必须包括经济的加速增长，缩小不平等状况和消灭绝对贫困，也包括社会结构、公众观念和国家制度这些主要方面的变化过程。从本质上说，发展必须体现变化的全部内容。通过这些变化，整个社会系统应面向系统内的个人和社会集团的多种多样的需求和愿望，使人们普遍觉得原来不满意的生活条件已在物质和精神生活方面变得向更好一些的生活环境和生活条件转变"。因此，有经济增长不一定有经济发展，县域经济增长和县域经济发展之间同样如此。县域经济增长是县域经济运行的基本趋势，是居民、企业和政府进行和调控经济活动的直接结果。持续、快速的县域经济增长对于实现县域经济发展至关重要。

三、县域经济的概述

（一）县域经济的定义

高焕喜（2005）认为，县域经济是指以县级经济区域为地理空间，以市场为导向，以县级政权为调控主体，具有地域特色且功能完备的区域经济。县域经济属于赋税经济、民生经济、区域经济、资源经济、生态经济。冯德显（2004）指出，县域经济是指县辖范围内，各种经济成分有机构成的一种区域性经济系统，在国民经济体系中占据特殊重要的地位。许宝健（2005）则认为，县域经济是以农村经济为主体的经济，其发展的本质就是民生经济，发展的关键在于调整所有制结构和产业结构。无论是解决"三农"问题，还是统筹城乡经济社会发展，县（市）层次都具有不可比拟的优势。还有学者认为，县域经济是实现"五个统筹"，特别是统筹经济社会发展、统筹城乡发展和统筹区域发展的一个基本的工作平台。只有大力发展县域经济，才能有效地把城市与农村、农业与非农产业、农民与市民等问题统筹于区域发展当中（高新才，2004）。

（二）县域经济的特征

县域经济的特征主要表现在基础性、独立性、过渡性及稳定性等方面，具体如下：相对于城市化和工业化，县域经济基本上体现的是农业和农村经济；相对于城市经济，县域经济有较强的独立性和自身发展规律，应当把县域经济作为一个整体，用企业理念来经营和运作；相对于农村经济，其是城市经济与农村经济的结合点，是国家经济发展和社会稳定的重要基础；相对于一般经济区域，县域经济是以政治单元组织起来的区域经济发展系统，是一个政治性较强的政治与经济的矛盾统一体（冯德显，2004）。此外，高焕喜（2005）认为，县域经济还具有区域性、系统性、整体性、综合性、复合性、层次性、开放性、行政性、历史性、易变性等特点。

（三）县域经济发展的内涵

县域经济的内涵是经济发展的内涵在县域经济中的内在体现。具体地说，县域经济发展的内容包括三个方面：一是县域经济数量的增长，即一个县的产品和劳务通过增加投入或提高效率获得更优的产品，构成经济发展的物质基础；二是县域经济结构的变化，即一个县的投入结构、分配结构、消费结构以及人口结构等多种结构的协调和优化，是县域经济发展的必然环节；三是县域经济质量的提高，即一个县的经济效益水平、社会和个人福利水平、居民实际生活质量、经济稳定程度、自然生态环境改善程度以及政治、文化和人的现代化是县域经济发展的最终目标。

四、县域科学发展模式的内涵

中共十六届三中全会科学发展观的提出，标志着县域发展有了科学的理论指导。科学发展观的科学内涵：第一要义是发展；核心是以人为本；基本要求是全面协调可持续；根本方法是统筹兼顾。在新的历史时期，县域科学发展，就是以科学发展观统领县域经济社会发展的全局，按照科学发展观的观点、内容和方法统筹谋划经济社会的各个方面，并把科学发展理念贯穿于经济社会发展的整个过程和各个环节，用科学的方法推进工作，以实现县域经济社会又好又快发展，就是要按照五个统筹的要求，遵循发展的客观规律，创新发展理念，转变发展方式，破解发展难题，提高发展质量和效益，实现又好又快发展，从而达到人、自然、社会的全面、协调、可持续发展。

发展模式是指人类社会从一种较低级状态向较高级状态转化时所遵循的方式。县域发展模式，是指在县域发展战略和县域发展过程中形成的具有本县特色的县域经济结构和经济运行方式，是一定时期内通过优先发展某个方面而带动县域经济社会全面进步的发展路径。县域科学发展模式，是指在科学发展观和区域发展理论的指导下，根据各县域增长的驱动力量的变化、主导产业的不同、资源禀赋情况的差异，全面统筹，各地区因地制宜、因时制宜，综合考虑县域特有的经济、社会、文化、教育、资源禀赋等条件，探索适合县域本地实际发展的路子，形成独具特色的发展模式。县域发展模式涉及县域发展的思想观念、发展路径、资源环境、体制机制等诸多要素和环节，是在发展实践中形成的各要素、各环节之间稳定的结构，形成活动流程的基本方式。模式科学，可以扬长避短，形成发展合力，更好地实现经济社会又好又快发展。实现县域科学发展，就应把握县域发展的基本规律和要求，选择培育塑造形成适合自身发展特点的科学的发展模式，并根据新的发展形势和任务，适时调整修正已形成的发展模式，使发展模式更具有活力和生命力。目前，我国已经形成"苏南模式"、"珠江模式"、"温州模式"、"义乌模式"等具有特色和典型的发展模式，为研究县域科学发展提供了参考。

第二章　县域科学发展模式理论基础

一、区域经济学相关理论

区域经济理论可以分为两大类：均衡发展和非均衡发展。就县域经济而言，在经济发展过程中，采取不平衡发展战略是切合中国县域发展实际的。因为中国县域经济面广量大，地区经济和社会水平的差异很大。中国县域经济的发展类型各异，在县域经济发展战略上，也不可能实行或根本没有条件实行平衡发展战略，因此，县域经济研究初期非均衡发展的区域经济理论更适合目前中国县域经济发展的研究。本节主要介绍非均衡发展理论中的两大重要理论：增长极理论和区域分工理论。

（一）增长极理论

增长极理论最早由法国经济学家佛朗索瓦·佩鲁于 1950 年提出，

主张政府干预、集中投资、重点建设。该理论是以区域经济发展不平衡规律为出发点，认为在区域经济发展过程中，经济增长不会同时出现在所有地方，总是首先出现在少数区位条件优越的点上，然后不断成为经济增长中心（极或城市），通过发挥增长极的极化效应和扩散效应，推动整个地区经济的发展。

增长极理论对县域地区的发展有积极的指导意义，寓意县域经济的发展可以依靠条件较好的少数地区和少数产业带动，把少数区位条件好的地区和少数条件好的产业培育成经济增长极，通过增长极的极化效应和扩散效应，影响和带动周边地区的经济发展。

（二）区域分工理论

区域分工是区域之间经济联系的一种形式。由于各个区域之间存在着经济发展条件和基础方面的差异，因此，在资源和要素不能完全自由流动的情况下，为满足各自生产、生活方面的多种需求，提高经济效益，各个区域在经济交往中就必然要按照比较利益的原则，选择和发展具有优势的产业，故在区域之间就产生了分工。

区域分工的理论主体是比较优势理论，又称比较利益理论或比较成本理论，是由大卫·李嘉图于 1817 年在其代表作《政治经济学及赋税原理》中提出来的，是对斯密的绝对优势理论的拓展。李嘉图的比较优势理论的核心思想，就是各国的生产力水平不相等，商品生产中所耗费的成本就有高低之别，但各国不需要都去生产成本绝对低于别国的商品，而应生产具有相对优势的产品，通过国际分工和国际贸易，仍能获得比较利益。

比较优势理论对县域经济发展的启示是，无论地区处于哪个经济发展阶段，也无论其资源是贫是富，经济实力是强还是弱，都有参与区域分工和贸易的可能。只要利用相对成本优势，"优中选优，两利相权取其中；劣中选优，两弊相衡取其轻"，进行区域分工，就能以较少的劳动耗费获取较多的使用价值，能够使各区域充分发挥资源、要素、区位等方面的优势，进行专业化生产。合理利用资源，推动生产技术的提高和创新，提高产品质量和管理水平，有利于提高各区域的经济效益和国民经济发展的总体效益。

二、产业经济学相关理论

（一）产业结构理论

产业结构概念的应用始于 20 世纪 40 年代，按照研究的内涵和外延的不同，产业结构的概念有广义和狭义之分。广义的产业结构是指产业间的技术经济联系与联系方式；狭义的产业结构是指产业与产业之间形成的经济技术关系和数量比例关系，是指在社会再生产过程中，一个国家或地区的产业组成，即资源在产业间的配置状态。

产业结构具有两种功能：一是产业结构的改进是经济协调和持续发展的必要条件。经济发展要协调，产业结构必须合理，数量比例必须恰当，投入产出关系必须均衡，社会再生产的实现条件必须满足，经济发展要持续，产业机构必须不断优化升级。二是在经济发展中，产业结构高级化是经济发展的强大动力。产业结构对经济发展具有双重作用：不合理的产业结构，使得比例失调、资源浪费，会严重妨碍经济的发展；优化的产业结构能实现产业对资源的优化配置和高效利用，能够增加有效供给和创造新的需求，促进经济快速、协调、高效发展。

产业结构优化理论是产业结构理论的核心部分。产业结构优化是指通过产业调整，使各产业协调发展，并满足社会不断增长的需要的过程。产业结构的优化过程主要包括两个方面：其一，产业结构高级化，指产业结构系统从较低级的形式向较高级形式的转换过程，也可将其称为产业结构的升级；其二，产业结构合理化，促进产业结构的动态均衡，即在产业结构高级化的基础上，根据消费需求和资源条件，对初始不理想的产业结构进行有关变量的调整，理顺结构，使产业结构不断向高附加值化、高技术化、高集约化演进，从而更充分、更有效地利用资源，更好地满足经济发展需要的一种趋势。产业结构高级化与产业结构合理化之间存在相互渗透、交互作用的关系。要实现产业结构高级化，必须使其结构合理化，而且产业结构高级化程度越高，其结构合理化的要求就越高；产业结构合理化必须在其高度化的动态过程中进行，产业结构合理化是一个不断调整产业间比例关系和提高产业间关联作用程度的过程，这一过程也就是产业结构不断高度化发展的过程。

发展主导产业是产业结构理论中的一个重要观点。主导产业也叫主导增长产业，是指一些能够迅速和有效地吸收创新成果，对其他产业的发展有着广泛的影响，能够满足不断增长的市场需求并由此而获得较高的、持续发展的产业。罗斯托认为，在任何时期，一个国家或地区能够具有或保持"前进的冲击力"，是由若干个"主导部门"迅速扩张的结果。这些主导部门在自身发展的同时，还对其他部门产生影响，最终带动整个地区经济的发展。

(二) 产业集群理论

产业理论是由工业区位经济学家韦伯首先提出的，后来迈克尔·波特把产业集群理论的研究推向了新的高峰，他从组织变革、价值链、经济效率和柔性方面所创造的竞争优势角度重新审视产业集群的形成机理和价值。并于 1998 年在《集群与新竞争经济学》一文中系统提出了新竞争经济学的产业集群理论。产业集群的实质就是企业产品价值链在地理空间上的紧密结合。相关产业和机构往往集中于一定的区域范围内，在竞争的同时，通过产业之间的横向和纵向的合作促进整个产业群的发展，产生经济外部性，促进各企业、产业自身的发展。

产业集群形成后，大量产业联系紧密的企业以及相关支持机构在空间上聚集，可以加强集群内企业间的分工协作和资源共享，通过降低成本、激发创新、提高效率、加剧竞争等方式，提升区域的核心竞争力，并形成一种集群竞争力，这对于发展县域经济具有重要的指导作用。

三、发展经济学相关理论

(一) 刘易斯二元经济理论

二元经济理论作为发展经济学的一种概念，是由英国经济学家刘易斯于 1954 年在其发表的《劳动无限供给条件下的经济发展》一文中率先提出的，是区域经济学的奠基性理论之一。刘易斯认为，发展中国家由两个部门组成：一个是传统的、人口众多的、仅仅能够维持基本生存的农业部门，其主要特征是边际劳动生产率为零；另一个是以制造业为主的现代工业部门，该部门资本相对充足、具有很高的劳动生产率，工人的工资水平也很高。由于工业部门的劳动力边际生产率、工资高于农业部门，使得农村剩余劳动力源源不断地流向城市，这一过程将一直延续到农村剩余劳动力被城市完全吸收。

此外，刘易斯还提出了发展中国家发展的三个阶段：一是工业化阶段，政府制订工业化计划，以牺牲农业来解决资金短缺问题；二是工业反哺农业阶段，发展中国家在继续发展城市经济、鼓励农村人口向城市流动的同时，采取加大对农业投入，鼓励民间资本流向传统农业的政策，发展传统农业；三是均衡阶段，传统农业逐渐被以农场制为特征的现代农业取代，农业成为盈利部门，城乡经济进入均衡发展的一元化阶段。刘易斯的二元经济理论符合发展中国家经济发展的一般规律，他认为，转移农村劳动力和资本进入乡村是消除二元经济的两个主要方法。

（二）拉尼斯—费景汉二元经济模型

1964 年，美国发展经济学家拉尼斯和费景汉发展了刘易斯的二元经济结构理论，提出了改造二元经济结构的新设想。拉尼斯和费景汉认为，二元经济是处于农业经济和现代增长之间的一个历史时期，从农业经济阶段过渡到现代增长阶段，主要标志就是农业剩余劳动力的转移状况。该模型强调现代工业与农业部门的平衡，以使农业部门所提供的农业剩余刚好能满足工业部门对于农产品的要求。同时还将劳动力转移速度快于人口增长速度作为改造二元经济结构的必要条件，并且十分重视技术进步在经济发展中的作用，认为技术进步与资本同样是提高生产率的根本途径。二元经济理论从劳动力由农村部门向现代工业部门转移的角度，阐述发展中国家的经济发展过程，强调农业对经济增长和整个经济的基础作用，对研究县域经济发展有着十分重要的指导作用。

（三） 乔根森模型

美国经济学家戴尔·乔根森于 1967 年在《过剩农业劳动力和两重经济发展》一文中提出乔根森模型，否认了农业中存在边际生产率为零的剩余劳动，劳动力转移不可能以剩余劳动力为前提。他把农业剩余产品看成是劳动力转移的物质基础，如果没有农业剩余劳动生产物，所有的人就必须通过农业生产养活自己，只有农业有了剩余生产物，才能有一部分劳动力从土地上被释放出来，参加工业生产。因此，乔根森认为，为了使经济持续发展和避免陷入低水平均衡陷阱，工业部门积累资本是必要的，但是其先决条件是正的农业剩余。农业剩余生产物越多，农业劳动力向工业部门转移的规模也就越大，速度也就越快。

我国县域地区是典型的二元经济结构，而且在二元经济结构背景下的现实问题进一步显现，这就需要我们充分借鉴二元经济理论以及其他国家或地区的实践经验，努力将二元经济结构向一元经济结构转变，实现县域经济的平衡发展。

四、可持续发展理论

可持续发展理论的形成经历了相当长的历史时期，1987 年联合国世界与环境发展委员会发表的《我们共同的未来》中，正式提出可持续发展概念。1992 年 6 月，联合国在里约热内卢召开的"环境与发展大会"通过了以可持续发展为核心的《21 世纪议程》等文件后，我国编制了《中国 21 世纪人口、资源、环境与发展白皮书》，首次把可持续发展战略纳入我国经济和社会发展的长远规划；1997 年，中共十五大把可持续发展战略确定为我国现代化建设中必须实施的战略；2002 年，中共十六大把可持续发展能力不断增强作为全面建设小康社会的目标之一，提出了以保护自然资源环境为基础，以激励经济发展为条件，以改善和提高人类生活质量为目标的可持续发展理论和战略。

由此可见，可持续发展理论是指既满足当代人的需要，又不对后代人满足其需要的能力构成危害的发展。用经济学角度理解是，既考虑当代人的利益，又兼顾后代人的利益；既要谋求经济利益，又要保护环境和生态平衡；既致力于经济水平的提高，又努力使人们的生活质量得到改善。概况而言，可持续发展要求实现最优化的资源代际配置，实现经济福利的代际公平，要求体现公平性、可持续性和共同性的发展原则。可持续发展可总结为三个特征：生态持续、经济持续和社会持续，也就是处理好经济建设和人口、资源、环境的关系。可持续发展理论目前被广泛运用于区域经济发展中，是指导中国县域经济发展的又一重要理论。县域经济的可持续发展有赖于良好的生态环境和社会环境。目前，我国县域的开发程度不及大中城市，经济相对落后，生态破坏较小，在努力发展县域经济的同时，要兼顾生态环境的保护和资源的永续利用。

五、科学发展观

科学发展观是在区域非平衡发展向平衡发展过渡的大背景下提出的。科学发展观是指能衡量国家或区域发展度、协调度、持续度的以人为本的全面、协调、可持续的发展观，其要义是发展，核心是以人为本，基本要求是全面协调可持续，根本方法是统筹兼顾。科学发展观把社会的全面协调和可持续发展有机结合起来，改变了过去片面强调以追求 GDP 为中心或 GDP "挂帅"的旧发展观念，强调以人为本，在促进区域经济发展的同时，把基本公共服务均等化作为区域均衡发展的核心目标，做到发展为了人民，发展依靠人民，发展成果由人民共享；明确要根据各地区资源环境承载能力、开发密度和发展前景，把握区域比较优势，进行合理功能定位，选择差异化的发展路径，努力实现速度和结构、质量、效益相统一，经济发展和人口、资源、环境相协调，不断保护和增强发展的可持续性；要求进行体制机制创新，在政府和市场力量的共同作用下，统筹协调各方面利益关系，形成科学有效的政策体系和工作机制；引导生产要素跨区域合理流动，促进区域协调发展，逐步缩小发展差距。科学发展观是建设中国特色社会主义的新的思维方式、新的发展道路和新的发展模式，是马克思主义关于发展的世界观和方法论的集中体现，与马克思列宁主义、毛泽东思想、邓小平理论和三个代表重要思想一脉相承又与时俱进的科学理论，是今后很长一段时期内我国经济社会发展必须坚持的重大战略思想。

第三章　国内外县域科学发展模式的典型案例及经验借鉴

本章旨在通过对国内外典型县域发展案例和效应情况进行比较，归纳其成功的科学发展模式和实现路径，并提炼出对江西县域科学发展的模式选择和实现路径具有经验性和启示性的内容。

一、国外典型案例及分析

国外发达国家的县（County）大多被称为郡（Prefecture，辖区/县），是其二级经济和行政地区，其一级经济和行政地区相当于我国的省级地区，国外发达国家的经济发展权限主要集中在一级经济和行政区域，而二级经济和行政区域所承担的主要是社会管理职能（Edgar & Frank，1984；杨荫凯，2005）。因此，国外郡一级的发展同我国县域发展的内容有较大差别。但是国外县域发展的成功经验和发展模式对我们具有一定的借鉴意义。邓小平（1993）曾指出："我们的现代化建设，必须从中国的实际出发。无论是革命还是建设都要注意学习和借鉴外国经验。但是照抄、照搬别国的经验、别国的模式，永远不能得到成功。"① 所以，为了能够积极借鉴国外成功经验，促进江西县域科学发展，下面对美国、日本、韩国和部分欧洲国家的具体县域发展模式进行分析。

（一） 美国田纳西模式

美国田纳西模式实质上是一种流域发展模式，但对江西县域科学发展模式选择也具有很强的借鉴意义。田纳西河流域管理始于 20 世纪 30 年代，田纳西河流域由于长期缺乏治理，森林破坏，水土流失严重，经常暴雨成灾，洪水为患，是美国最贫穷落后的地区之一。当时的美国正发生严重的经济危机，新任总统罗斯福为摆脱经济危机，决定实施"新政"。"新政"为扩大内需开展的公共基础设施建设，推动了美国历史上大规模的流域开发，田纳西河流域被当作一个试点，即试图通过一种新的独特的管理模式，对其流域内的自然资源进行综合开发，以达到振兴和发展区域经济的目的。1933 年，美国国会通过了"田纳西流域管理局法"，成立田纳西流域管理局（Tennessee Valley Authority，TVA）。田纳西河流域主要采取以电力启动经济发展，充分有效地利用当地资源发展特色经济。经过 50 年的治理、开发和发展，田纳西河流域农村地区成为一个以工业为主，农业、林业、工业全面发展的富饶区域（王盛章和赵桂溟，2002）。美国田纳西河流域从根本上改变了落后的面貌，TVA 的管理也因此成为流域管理的一个独特和成功的范例而为世界所瞩目。

---

① 邓小平. 邓小平文选（第三卷）［M］. 北京：人民出版社，1993.

美国田纳西模式的成功经验主要有：一是辨析地区优劣势，因地制宜地选择开发重点，形成具有特色的开发模式。虽然田纳西河流域水资源和矿产资源丰富，但由于航运条件差，水土流失严重，生产力水平低下。因此，田纳西决定疏通航运，鼎力修建水坝，以充足廉价的电力优势发展高耗能工业，同时不断调整产业结构。另外，根据当地自然条件选择农作物，发展林业，治理水土流失，改善生态环境。二是构建良性的经营管理机制（谈国良和万军，2002）。TVA 积极争取上级政府支持，在立法、税收和机构设置上获取更多的政策倾斜，不仅通过水力发电等盈利项目为发展积累资金，进一步发展火电站、核电站和燃气电站，成立公共电力企业，还发行债券，向社会筹措资金，形成多个产业发展的规模效应。三是由政府直接投资，对落后地区实行"滚动开发"（黄贤全，2002）。美国政府对田纳西河流域的综合治理实行的是政府直接投资，授权田纳西流域管理局具体经营，田纳西流域管理局的中心任务是开发经营，其经营活动像私人公司一样，具有自主性和灵活性，不受政府部门干预。该局用经营收益偿还国会投资性拨款，并利用积累资金（主要是售电收益）实行"滚动开发"。

（二）日本北海道模式

日本的县是其一级行政区，与都、道、府平行，跟我国的省、自治区、直辖市类似。"二战"结束后，为了恢复经济，日本学习美国的田纳西河流域综合开发模式，采取倾斜政策对国土源进行综合开发。而可开垦耕地占全国的 47％ 和煤炭占全国的 45％ 的北海道是一个非常理想的开发地带，北海道是位于日本北端的一个大岛，地处寒带，与我国吉林、黑龙江处于相同纬度。当时的北海道开发目的主要是为国家提供资源和粮食，安置"二战"后从海外撤退回来的退伍军人和解决雇用问题，防止苏联南进和安定、巩固边境等。经过长时间的综合发展，北海道经济由全国排名倒数进步到中等行列，成了日本主要的粮食和畜产品生产基地，GDP 由 1952 年约 0.28 万亿日元增长到 2013 年的 18.70 万亿日元左右。北海道发展模式成为世界各国落后地区经济开发的典型之作，具有很大的参考价值。

北海道模式的经验总结起来主要表现在以下几个方面：第一，始终把农业作为产业振兴的首位。北海道拥有大量未开发的土地，这是其大力发展农业的先天优势，其综合发展农业、畜牧业、渔业、林业和矿业等资源型产业，提高发展的多样性和生产率，引进现代食品加工企业，形成具有地区特色的高水平规模型农业产业群。第二，确定了由"点"、"线"到"面"的递进式发展策略（王文英，2006）。一方面，优先发展农业工业基地和新产业据点；另一方面，开发公路、港口和铁路并逐步升级为陆海空高速交通网。北海道开发事业费中用于公路、铁路、港口和机场等交通开发的费用最高能占到总开发费的50%。北海道开发与工业化、城市化结合起来，以建设大规模的工业农业基地、新产业城市和高技术聚集城市等作为推进开发的"杠杆"，逐步发展优势产业。第三，注意发挥中央、地方和"第三部门"的综合开发能力。关于中央统筹指导地区开发，总理府设国土厅和建设省等机构，其中，国土厅负责制订全国综合开发计划，协调各级部门的地区开发的有关工作，建设省专门负责地区开发的建设工作。北海道地区积极配合开发，并制定了长期战略性的规划并组织实施。"第三部门"主要是指从事以地区开发为中心的开发事业的官民联合企业，一般通过采取公私混合的形式，共同出资组建地区性开发公司、新机场公司和疗养中心等，在北海道开发过程中起到了突出的作用。

（三）韩国"新村运动"发展模式

韩国的行政区划分为道（特别市、广域市）、郡（市、区）、面（邑、洞）、里（统）四级，其国土面积较小，只有9.96万平方千米，而江西省的总面积有16.69万平方千米，对比之下可见韩国面积之小。随着韩国城乡和区域之间发展差距的拉大，农村老龄化问题严重，农业人口大量向城市无序迁移等许多棘手问题逐渐浮现，1970年4月，时任总统朴正熙在全国抗旱对策会议上，第一次提出了"建设新村运动"的构想，"新村运动"由此诞生（朴振焕，2005）。韩国"新村运动"是在城乡失衡的背景下由政府实施的一个实验性项目，通过"新村运动"推进区域内各方面的协调发展。事实证明，韩国"新村运动"缩小了城乡收入差距，促进了农村和农业现代化。20世纪90年代初，韩国农村居民收入已经占到城市居民收入的95%。韩国"新村运动"是我国新农村建设的重要学习模式之一，亦能为江西省发展县域科学发展提供宝贵的经验。

"新村运动"经历了五个阶段，我们可以从每个阶段的政府决策导向学习对江西县域发展具有启示性的经验：①基础建设阶段（1970~1973年），该阶段的目标是改善农民居住条件，如改善厨房、厕所，修筑围墙、公路，改良农作物品种等。自1970年冬季开始，政府无偿提供水泥、钢筋等材料。这一阶段初步改变了农村的生活居住条件，调动了广大农民立足家乡、建设家乡的积极性。②扩散阶段（1974~1976年），"新村建设"的重点从改善农民居住生活条件发展为居住环境和生活质量的改善和提高。政府修建村民会馆和自来水设施，以及生产公用设施；对"新村"主要领导人员分批进行"新村教育"，对发展好的农村提供贷款和优惠政策等。③充实和提高阶段（1977~

1980 年），政府把推进"新村运动"的工作重点放在鼓励发展畜牧业、农产品加工业和特产农业，积极推动农村保险业的发展，支援农村的文化住宅和农工开发区建设。④国民自发运动阶段（1981～1988 年），政府大幅度调整"新村运动"的政策与措施，建立和完善全国性"新村运动"民间组织。培训信息、宣传工作改由民间组织承担，政府的任务只是制定规划、提供协调服务。⑤自我发展阶段（1988 年以后），随着韩国经济的快速发展，繁荣气象从城市开始逐步向四周农村扩散，"新村运动"也带有鲜明的社区文明建设与经济开发特征。政府倡导全体公民自觉抵制各种社会不良现象，并致力于国民伦理道德建设、共同体意识教育和民主与法制教育，同时积极推动城乡流通业的发展。

韩国"新村运动"模式的建设经验主要有：一是由政府主导启动，逐渐过渡到由民间主导。开始的时候是政府通过政策扶持和财政投入，带动村庄进行基础设施建设，推动农业生产发展。但是发展到后期，农民慢慢享受到新村建设、农村发展的好处，"新村运动"则由政府主导演变成由民间主导，农民成为运动的主力军。二是"新村运动"以村庄为单位，以农民为主要力量，以促进农村发展思想启蒙、农村经济发展和农村社会进步为目的。在提高农民收入的同时，还特别注重提升其积极向上的精神境界，这有利于提升劳动力的整体素质，进而弥补要素水平落后和科技水平不高的缺陷。

（四）法国洛林模式

洛林大区位于法国东北部，是一级行政区域，面积 23547 平方千米，人口 230 万。洛林是法国重要的钢铁、煤炭工业基地，其铁矿储量占法国铁矿总量的 80%。20 世纪 60 年代，由于世界铁矿石生产的激烈竞争、石油铁矿石开采成本上升和世界性经济危机等因素，洛林大区的能源工业受到严重的冲击，随着国际市场的开发和竞争，不具备优势的企业陷入困境，新材料的涌现代替了传统材料，技术装备的现代化使劳动力需求量大为减少，过去那种以产量取胜、生产单一的资源性企业，已经不适应当代市场经济的发展，在这样的背景下洛林不得不寻求发展转型。江西省部分县域现今也存在着法国洛林所遇到的成长烦恼，如果能够从洛林发展模式中寻求到适合自身发展的途径，对于江西省县域进一步转型升级、"绿色崛起"大有裨益。

洛林经过长期的产业结构转型实践，成功地实现了可持续发展。主要标志是把一个以钢铁、煤炭为主的老工业基地，变成了以高新技术产业为主的新型工业基地，实现了由单一产业结构向多元产业结构、由资源型城市向加工型城市、由掠夺自然资源的传统生产方式向人与环境和谐共处的新生产方式的转变。洛林循环经济模式的发展主要积累了以下经验（辽宁工业转型研究课题组，1998）：第一，努力争取欧盟和中央政府在计划、组织、资金、政策等方面的支持。在中央政府的支持下制定钢铁、煤炭等领域的转型规划，创办了多家公益机构，对工业废地进行重整。第二，调整产业结构，以提高国际竞争力。调整做法是"放弃一批、改造一批、发展一批"。"放弃一批"是指逐步放弃一批发展成本较高的行业，如采矿企业；"改造一批"主要是对钢铁、机械、化工等行业进行高新技术改造，使产品向高附加值方向发展；"发展一批"是发展高新产业。第三，制定优惠政策，大量吸引外资。如土地优惠政策、政府的资助、对劳动者的培训、邀请有落户意愿的国外公司到本地参观等。第四，建立企业园区，培育中小企业。洛林成立16个企业园区，内设专家团，解决发展中遇到的困难；企业园区还与科研单位、技术转让网络、技术开发区建立联系，促进小企业的发展壮大。第五，加强职业技术培训，促进劳动力转岗再就业。法国政府创办了各种培训中心，培训中心根据培训者和用人单位的要求因材施教。第六，把工业转型作为一项社会系统工程，动员全社会参与。

（五）瑞士"出口导向"模式

瑞士是位于欧洲中南部的多山内陆国，居于欧洲的"屋脊"，仅阿尔卑斯山就占全国面积的 60%。瑞士以前是个落后的农牧业国家，许多人流落他乡以充当雇佣兵为生。而且，瑞士人口不多，国内市场狭小，还是一个资源匮乏的国家，除了水力资源较丰富外，所需原料和能源的 95% 依赖进口。但瑞士又是经济高度发达的工业国，工业产值占国民总产值的将近一半，其经济发展的独特之处在于，充分利用和结合本国的地理环境，加强基础设施的建设，瑞士探索出了一条出口导向的经济发展之路，发展高、精、尖产业，同时，还积极开拓金融业、旅游业、房地产业等第三产业。近百年来经过几代人的不懈努力，发愤图强，如今瑞士成为工农业高度发达的国家，2013 年的人均GDP 达 81414 美元。瑞士发展模式虽说是一个国家的发展模式，但其所采取的发展措施对于江西立足基本省情，引导各县选择合理合适的发展模式仍具有很大的意义。

瑞士出口导向模式发展取得巨大成功的经验主要有：一是加强基础设施建设。瑞士投入大笔资金和技术力量发展基础事业，尤其在交通、能源和电信方面。二是结合当地自然和人力资源匮乏的特点，积极发展出口导向型经济（曹和平，2005）。其生产的劳力士、欧米茄、浪琴等名牌手表誉满全球，雀巢更是全球最著名的食品名牌。三是积极调整产业结构，顺应发展潮流。除了高端制造业以外，瑞士还积极发展第三产业。瑞士银行和保险业的规模、服务质量在全球都堪称一流，日内瓦、苏黎世、洛桑、巴塞尔都是世界著名的会议城市和疗养胜地。四是大力发展职业技术教育，推行企业培训制。为满足大量的熟练技工需求，瑞士改革中等教育，建立发达的职业教育体系。旅游、金融、运输等行业均有专门的职业技术学校，如洛桑旅馆学校（马丁，1994）。

二、国内典型案例及分析

由于增长的驱动机制的变化、主导产业的不同、资源禀赋情况的差异，不同地区在同一时期的县域发展模式和同一地区在不同时期的县域发展模式不尽相同（姜涛，2010）。随着落实科学发展观和构建和谐社会的逐步深入，国内各地区因地制宜、因时制宜，探索了一些适合本地实际的县域科学发展路径，形成了一些在全国具有借鉴意义的县域发展模式。下面主要对广东、浙江、苏南和山东地区的经典县域发展模式进行案例分析。

（一）广东模式

1. 珠三角模式——外向经济型

广东珠三角地区县市是沿海开放县的代表。珠三角模式是发挥紧靠港澳和与海外联系紧密的优势，以"三来一补"为突破口发展外向型经济，大力引进外资企业，加快工业化进程的发展模式（查振祥，2002）。同时利用国家的开放政策和优越的地理优势，在发展方向上既注重国内市场，也注重国际市场，实行双向化市场营销战略，并在充分发展乡村集体经济的同时支持和鼓励联户、个体开办企业，在此基础上，建立企业集团，规模化经营，增强产品竞争力，加快县域经济的迅速发展（侯景新，2006）。地处珠江三角洲内的县（市）的县域经济异常活跃，经济规模在全省县域经济中占有较高比重。珠江三角洲地区面积为4.17万平方千米，包括广州、深圳、佛山、东莞、中山、珠海、惠州、江门和肇庆9个城市（2个副省级市及7个地级市）。据统计，2012年珠三角地区生产总值达47897.25亿元，比2008年增长45.8%，占全省的79.1%；人均GDP达84563元，折合13454美元，比2008年增长29.6%（李明，2013）。

概括起来，珠三角县域成功发展的主要经验有（谭炳才，2004）：其一，因地制宜走工业化路线，实现以工富民。珠三角县域发展的起步阶段得益于港澳制造业的转移，各地积极招商引资，兴办实业，有力地推动了县域产业结构的转变，产业质量迅速提升，走上了工业富民之路。其二，加快推进城镇化进程，接纳农村剩余劳动力。为适应城市化发展的需要，珠江三角洲大多数县（市）先后转为地级市或地级以上市的辖区，形成珠三角城市群格局。珠三角县域工业化和城市化的发展，为农村富余劳动力提供了大量的就业岗位。其三，鼓励发展非公有制经济，形成多种经济成分并存新格局。20世纪90年代中后期，珠三角县（市）大胆尝试国有、集体、外资、个体、私营等多种经济成分一齐上，抢先一步发展民营经济，使县域经济实现跨越式发展。其四，以产业作为联结的纽带，大力发展专业镇经济。珠三角部分乡镇依托当地特色资源，利用原有的产业基础和形成的市场，以产业为联结的纽带，加大招商引资力度，出现了大批经济规模超亿元的簇群状的新型经济形态，成为当地的经济支柱。

2. 南雄模式——产业集聚型

南雄市地处广东省粤北山区，全市总面积2361.4平方千米，2014

年末常住人口为 32.77 万。由于地处粤北山区，南雄以前的经济结构主要以农业为主，地区生产总值和财政收入排名一直处于全省比较靠后的位置，属于欠发达地区。2008 年起，南雄借着"双转移"和扩大内需的"东风"，建起了广东首个精细化工产业园，精细化工产业的崛起成为南雄经济增长的重要推动力，与此同时，多措并举，发展当地特色产业，做大烟叶传统支柱产业、做强竹木资源加工产业、做优银杏产业，加上政府优质高效的服务，南雄的经济得到了快速的发展（余青青，2012）。2014 年全市完成生产总值 113.38 亿元，比 2013 年增长 11.3%；地方财政一般预算收入 22.08 亿元，增长 28.3%；工业总产值 135.82 亿元，比 2013 年增长 24.2%；规模以上工业增加值30.49 亿元，增速在韶关市排名第一（南雄市统计局，2014）。南雄市成为广东县域经济破题的典型，并荣获"省级产业转移园、省财政直管试点县、转型 2010 中国经济十大领军县级市"等称号。

南雄模式是在我国转变经济增长方式，调整产业结构的大背景下，广东省区域经济结构调整和转移的必然产物，是沿海发达地区产业向欠发达地区梯度转移的一种有效模式。总结其经验有（余青青，2012；吴易霖和郝时晋，2012）：第一，科学定位，成功打造精细化工产业园。南雄认定新的化工建设项目必须进入生产集中区和化工园区，并结合本地矿产和松香的资源优势，确定精细化工产业为主导产业。一开始就确定了新的发展策略定位，使得南雄精细化工产业园的建设处在一个较高的起点上。第二，政府积极转变职能，提供优质高效的服务。南雄市政府出台了一系列有利于企业发展的政策，如成立专门的公务服务机构以提高办事效率，通过基础设施和信息平台的建立以整合生产、供应、物流、仓储等上下游企业，积极打造完善的精细化工产业链。第三，积极"借脑"，引进高端产业人才。南雄通过早期与产业上下游研发机构、专业投融资和管理机构的战略合作，完成了较好的"借脑"布局，加上项目多数直接从发达地区引进，企业从自身发展角度考虑必然会投入和培育人力资源，这两方面结合突破了人才"瓶颈"。

（二）浙江模式

1. 温州模式——民营经济型

温州市地处浙江省东南部，全市总面积 1187 平方千米，2014 年末户籍人口 813.69 万。温州模式不仅是浙江县域经济发展的缩影，而且是自下而上，依靠区域内个体、私营经济带动县域经济发展的典型，属于创业发展型，带有更多的"草根"特性，它存在的前提是良好的企业文化和社会资本（蔡玲和李春成，2007）。温州模式从一开始就是以填补国内市场空白而兴起的，在全国计划经济体制运行时期，温州的乡镇企业就率先转入了市场经济轨道。该模式主要以家庭经营方式和以市场为导向，根据最优利益原则自行做出经营决定，因而资金周转快，经济效益好，以致在短短几年时间内，农工兼营式的家庭作坊和家庭工厂遍布温州城乡各地（林峰，2006）。这些家庭作坊和工厂选择以生产全国市场短缺的日用小商品为主导产业，其大部分原料来自外地，虽然它们与农业和地方经济结构的联系不紧密，甚至自成体系，但是，家庭工业通过市场交换与小区域、大区域乃至全国的大市场紧密相连。

温州家庭经营模式的经验主要有三点：①依靠民本经济发家。依靠老百姓自己的力量创业发展，主要以家庭经营为基础、家庭工业和联户工业为支柱、专业市场为依托，大力发展各种小商品生产。②敢于进行外向投资。温州人敢于冒险，依靠广泛的海外关系、长久的经商传统和娴熟的手工制造技能，敢于进行外向投资、到处创业，同时，温州老板非常注重学习和提升自身素质。③"零资源经济"突出。温州没有汽车厂、摩托车生产企业，但现在是全国主要的汽摩配生产销售基地；没有 IT 企业，却大力发展虚拟经济，专事产品的开发和品牌经营。温州人善于"无中生有"，在没有资源的条件下硬是凭借体制机制和发展思路的创新，实现生产高集聚、经济高效益（储东涛，2012）。

2. 义乌模式——特色产业型

义务市地处浙江省中部，全市总面积 1105 平方千米，2014 年末户籍人口 76.66 万。义乌改革开放之前是一个名不见经传的小县，地处偏僻、交通闭塞。改革开放以来，经过 30 多年来的努力，如今成为每天有 20 多万客商出入的全世界最大的小商品市场，其中仅外国客商就有 140 多个国家的近万人。义乌之所以能够一跃而成为国际性的大都市，县域经济的综合竞争力在浙江省排名第一，秘诀就在于通过特色产业和产业集聚，发展"小商品企业"，带动县域经济发展。围绕商品流通这一特色产业，义乌大力发展服装、针织、彩印、文具、小五金、饰品、毛纺、拉链等第二产业，这些优势产业在全国均具有较高的市场占有率。其中，饰品产量约占全国的 70%、衬衫产量约占全国的 25%、拉链产量约占全国的 25%（宋效中等，2010）。联合国和世界银行等权威机构曾经发布中国发展报告，就将义乌市场称为"全球最大的小商品批发市场"。早在 2011 年底，义乌市登记的各类市场主体 17.44 万户，其中个体工商户就有 14.84 万户，若按照户籍人口来计算，平均每千人拥有 250 个企业，若按照常住人口来计算，每千人拥有近 80 个企业，远远超过发达国家每千人拥有 45 个左右的企业数量（赵振华，2012）。2013 年，在深入推进国际贸易综合改革试点的过程中，义乌市市场监管局秉承"非禁即入、有需则让"的理念，以改革创新的精神和敢于担责的勇气，在全省率先启动了商事登记制度改革，放宽准入门槛，优化审批服务，充分激发市场主体的创业热情和活力。自 2013 年 5 月 30 日启动到 2014 年 4 月底，义乌市商事登记制度改革共催生各类市场主体 4.4 万户，同比增长 76%。截至 2014 年 5 月，义乌市场主体已超过 20 万户，占浙江省市场主体总量的 5% 以上。

义乌兴办专业市场模式及其经验归纳起来有三点：第一，从"鸡毛换糖"转化为"前店后坊"。游走离散的"小商贩们"陆续创办一批批商品交易专业市场，形成"场厂结合、工贸一体化"发展格局，销售方式也由代销为主变成自产自销为主。第二，从商业资本转化为产业资本。市场的蓬勃兴起，带动加工工业和生产基地的全面发展，创造了"小商品、大市场、大加工基地"的经济特色。第三，从依赖本地市场转化为本地、外地和国际市场并举。近年来，全国各地到义乌招商引资，义乌则大规模地对外投资，义乌小商品市场已经覆盖全国、走向世界（储东涛，2012）。

（三）苏南模式

苏南是指位于江苏南部的苏州、无锡、常州三市所属县（市）等区域。苏南地区毗邻上海，起步早、发展快，在全国县域经济发展中居于显赫地位。苏南模式的特点是通过大力发展乡镇企业而实现县域经济社会的全面进步。苏南模式实际是在传统的社队企业的基础上发展起来的，乡（镇）、村两级集体所有比重占绝对优势。江苏乡镇企业产值最高时曾占全省农村社会总产值的 4/5 和全省工业总产值的 2/3（陈志德，2006）。众多的乡镇企业围绕在苏南地区周围，依靠城市企业的技术、人才、信息等基础优势兴起。如江苏昆山市利用地理区位优势，以开发区和工业园为招商引资的主要载体，实行中介招商、代理招商、网络招商和股权转让、经营权转让、土地或资源使用权出让等多种形式，积极吸引外商和外资，尤其是世界 500 强企业、以高新技术项目和具有明显的龙头带动作用的项目，成功地激活了县域经济。

苏南模式的发展经验是立足农村，反哺农业。苏南乡镇企业的不断发展不仅有力地推进了集体资金的积累，使许多村庄走上了集体富裕的道路，而且也吸收了大量的农业剩余劳动力，导致土地的集中经营，促进了当地农村商业化、专业化和农业机械化水平，大幅度地提高了农业劳动生产率，形成城乡经济相互渗透，迅速融为一体，极大地缩小了城乡差别、工农差别（林峰，2006）。但是苏南模式存在产权制度改革不彻底、政企不分、市场取向改革滞缓以及产业链短、对外资依赖程度大等明显缺陷（张应强，2002）。因此，自 20 世纪 90 年代初，在原"苏南模式"基础上，通过体制创新、增长方式创新和政府职能的创新形成了新型区域经济社会发展模式——新苏南模式。该模式的特点是以混合所有制经济为主体，以规模企业为龙头，以高新技术为主导，以城带乡并具有较强市场特征。

（四）山东模式

1. 寿光模式——农业产业化型

寿光市位于山东半岛中部，渤海莱州湾南畔，海岸线长 56 千米，土地总面积 2072 平方千米，耕地面积 9.4 万公顷，总人口 104.6 万，是中国著名的"蔬菜之乡"。寿光市县域发展的诀窍在于农业产业化，就是以国内外市场为导向，以提高农业比较效益为中心，按照"市场牵龙头，龙头牵基地，基地连农户"的形式，将农业的产前、产中、产后诸环节联结为一个完整的产业系统，逐步形成"种养加，产供销，农工商，内外贸，经科教"一体化的生产经营体系（陈泽浦，2010）。早在20世纪80年代中期，农业产业化就在山东等地率先兴起，日益崛起的农业产业化龙头企业，正在逐步扭转过去那种"农业大县、工业小县、财政穷县"的局面，成为县域经济的重要生长点（邢志广，2006）。2011年，全市实现地区生产总值542.4亿元，同比增长12.1%，其中，第一产业增加值72.7亿元，同比增长4.3%；全市完成地方财政收入41.6亿元，同比增长28.8%；城镇居民人均可支配收入25986元，同比增长13.7%；农村居民人均纯收入首次突破万元大关，达到11253元，同比增长18.5%（寿光市统计局、国家统计局寿光调查队，2012）。

寿光市农业产业化发展模式的经验总结起来主要有以下两点：①延长农业产业链条，培育龙头企业。在寿光蔬菜产业链条上，除了蔬菜生产的成功发展外，还发育形成了加工、储藏、包装、运输、流通、会展、旅游等一大批产业（王力波等，2009）。②构筑现代工业体系，推动寿光经济和社会发展全面转型。2001年，寿光明确提出了"工业立市"的发展思路，突出现代工业在县域经济发展中的主导地位，目标是构筑现代工业体系（陈泽浦，2010）。寿光加速培育了一批规模大、科技含量高、市场开拓能力强的农业龙头企业，并引导龙头企业向优势产业和优势产品区集中，通过加快现代工业的发展，依靠农业富民、工业强县，实现县域内非农产业和农业协调发展，城市和农村共同繁荣。

2. 垦利模式——生态经济型

垦利县位于山东省东北部黄河三角洲地区的黄河最下游入海口处，东濒渤海，总面积2204平方千米，农用地面积88518公顷，总人口22

万。垦利县旅游资源丰富而独特，国家级黄河三角洲自然保护区是全球暖温带地区最广阔、最完整、最年轻的湿地生态系统。垦利县的决策者意识到良好的生态是地方经济社会发展的最大优势和潜力所在，近年来，垦利县提出构建高效生态产业体系的目标，以大力发展高效生态农业，加快发展以生态旅游、现代物流业为重点的现代服务业，着力构建高效生态产业体系，推动县域经济更好更快发展（陈泽浦，2010）。2010 年，全市完成 GDP 220.28 亿元，比上年增长 20.3%。其中，第一产业增加值 13.67 亿元，增长 4.4%，第三产业增加值 61.46亿元，增长 15.9%，第三产业占 GDP 的比重比上年提高 1.5 个百分点；地方财政一般预算收入 9.2 亿元，增长 31.2%；完成全社会固定资产投资 172 亿元，比上年增长 28.9%；城镇居民人均可支配收入21083 元，比上年增长 13.4%，农村居民人均纯收入 8223 元，比上年增长 15.3%（垦利县统计局，2011）。

　　垦利县生态经济型县域发展模式的成功经验在于（陈泽浦，2010）：第一，依托资源优势，发展生态高效农业。垦利县以发展现代生态渔业为突破口，调整优化产业结构，提高农业生产效益，并围绕水产、畜牧、棉花三大优势产业，出台各项税收、土地、融资担保和财政支持优惠政策，重点扶持发展生态高效的农业龙头企业和农村合作经济组织。第二，重视生态环境，发展以生态旅游、现代物流业为重点的现代服务业。近年来，垦利县打造以黄河口生态游为龙头，以黄河风情游、城郊乡村游、滨海渔家乐为补充的旅游产品体系。另外，还因地制宜地建设以现代服务业聚集为重点的服务业新区、石油科技信息服务园区、汽车贸易服务区、石材交易集散地，努力打造全市重要的物流中心。

三、启示

通过上述对国内外县域发展经典案例的分析介绍，可以看到，很多成功的县域发展案例往往都是县域在发展过程中抓住改革机遇，利用当地优势和创新思维相结合的成果，并逐渐形成了各具特色的发展模式。但是，这些看似形色各异的县域模式之间又可能存在某些共同的属性。本书参考梁兴辉、王丽欣（2009）的研究成果，根据县域发展的主导因素将已有县域发展模式归类成四种属性：主导产业发展模式、空间地域发展模式、生产要素及资产所有权模式和经济运行机制模式。下面分别对这四种不同属性的县域发展模式进行总结，以期提炼出对其他县域发展有借鉴意义的经验启示。

（一）主导产业发展模式

以县域发展的主导产业为依据，可将县域发展模式划分为农业主导型、工业主导型和第三产业（服务业）主导型。

1. 农业主导型

农业主导型的县域农业主导模式强调农业在县域经济中的基础性作用，发挥农业较强的前向产业关联效应，以带动县域整体经济发展（梁兴辉和王丽欣，2009），如山东寿光模式。农业主导型县域发展模式的主要特点有：一是充分发挥区位生态优势，进一步优化、整合资源配置，建设一批优势产业带，发展块状特色农业经济，在农业结构调整中提升产业档次，建设一批优质农产品基地，培植优势农产品品牌，实现农产品由产量型向质量型、专用型和高附加值型发展。二是做强、做大农业园区，以园区发展示范带动农业总体的进步与发展，提升现代农业份额。三是重点培植和建设一批生产规模大、经济效益好、科技含量高、带动农户致富能力强的基地型、加工型、流通型龙头企业，促进农业产业整体开发，实现农业增效、农民增收。四是加大农业招商引资力度，鼓励工商企业从事农业领域的开发，支持发展农业专业大户、农村专业合作经济组织和中介组织，促进农业产业化进程的加快。

2. 工业主导型

工业主导型的县域发展主要把"工业经济强市"作为加快县域发展的核心和突破口，优化工业结构，找准特色定位，发挥比较优势。以大工业为依托，立足资源争效益，针对资源型产业有基础但产业链不长、深加工不够、科技含量和附加值低等现状，在"拉长、扩大、做精、增效"上做文章，同时还要跳出资源谋发展，大力发展高新技术和两头在外的新型产业，改变过分依赖资源加工型产业的现状。依靠工业带动县域发展主要有三种形式（魏秀芬和于战平，2005）：①依托大城市发展工业化。发挥区位优势，利用城市科技、人才和产业基础，围绕城市生产和生活配套需求发展工业和高效农业，如山东模式。②内生性工业化。根植于传统文化基础和产业基础，发展乡镇企业，如苏南模式和温州模式。③开放型工业化。沿海开放地区县依靠开放的优惠政策，便利的海运交通条件，拥有大量侨胞的特殊人缘关系，解决了经济发展的原始积累问题，使三资企业快速发展，并成为引进国外新产品、新技术和资金、人才的前沿，能够提供给国内市场最新的产品，县域经济也迅速发展起来，如广东珠三角模式。工业主导型主要发生在已基本完成工业化的县域，即在经济结构中，第二产业无论从产值还是就业比重都已占据主导地位。农村工业成为县域经济的主要产业，乡镇工业蓬勃发展（赵伟，2007）。

3. 第三产业（服务业）主导型

第三产业主导型县域模式是指通过服务业的发展带动县域经济三大产业全面进步的模式，该模式类型突出服务产业在县域经济发展中的带动作用，强调以服务业为先导从而带动县域经济（刘吉超，2013）。邹进泰、彭先镇（2005）认为，依靠第三产业（服务业）带动县域经济发展的模式主要有两种：一是批发市场带动模式，如义乌模式。通过发挥自身优势，在当地形成全省、全国乃至世界范围内的批发市场，由批发市场带动当地相关产业的发展，从而引领县域经济的全面发展。二是旅游资源开发模式，如山东垦利模式。该模式主要针对第一、第二产业相对薄弱，但有丰富的旅游资源的县域，具有发展旅游业的巨大优势，以旅游业带动县域经济的发展。

（二）空间地域发展模式

1. 产业空间布局发展模式

产业空间布局发展模式主要包括城镇化、园区化和集群化。王一鸣（2002）认为，城镇化有利于农村工业的产业集聚和服务业的成长，城镇化进程的快慢直接影响着县域经济的发展。工业园区也逐渐成为县域发展的成功之举，以工业园区为载体，以引进外资来推动园区的建设，把同类企业、产业链条关联密切的企业在园区聚集起来，吸引工业的空间聚集和产业提升，以园区建设来带动整个县域经济的发展（梁兴辉和王丽欣，2009）。贺耀敏（2004）指出，在县域经济发展中，集群经济特别是形成多种产业的集群成长和各种经济主体的集群成长是发展县域经济的新思路。

2. 区位视角的发展模式

区位视角的发展模式是凭借得天独厚的地理区位优势，通过为上级中心地区提供补充服务，并接受其辐射而获得推动县域经济全面发展的动力的一种经济发展模式。如靠近经济发达的大中城市或地区，就为大城市提供辅助配套支持，或从大城市的经济结构调整中得到发展机遇；若在多个区域的交叉地带，就发展跨区域的商贸业；如果具有陆路、水陆等交通优势，就发展物流、运输等。采用区位导向型发展模式具有以下特征：城市依附烙印明显；在产业结构上，主要以城市转移产业和补充产业为主；在资金来源结构上，源于城市经济的投资占相当比重；在经济运行机制上，与中心城市经济运行机制的相似性和关联性比较强（战焰磊，2010）。

（三）生产要素及资产所有权模式

1. 生产要素视角的发展模式

生产要素视角的发展模式最常见的当属资源禀赋型发展模式。该模式注重发掘本县域自然、社会、经济、技术等各方面的禀赋与特质，并以资源优势为基础整合产业结构、产品结构、生产布局、经营管理、组织形式、战略规划等政策要素（赵伟，2007）。资源禀赋型县域发展模式对本县域自然资源和区域外市场的依赖性很大，一旦自然资源枯竭或域外市场萎缩，县域经济发展就会受到严重影响。如我国中西部一些地区，在经济发展的初期阶段，由于缺少发展机会，许多县域都把对某种优势资源的开发作为启动县域经济发展的突破口，来促进县域经济的发展。在经济发展水平处于较低级阶段时，选择这种模式具有客观必然性，但当县域经济发展到一定阶段以后，受资源的约束，县域经济要想继续获得发展，就必须寻找新的发展模式（张洪力，2006）。

2. 资产所有权视角的发展模式

资产所有权视角的发展模式主要包括三种：以公有经济为主、以民营经济为主、以外资经济为主的县域发展模式（梁兴辉和王丽欣，2009）。其一，以公有经济为主的县域发展模式，主要依靠公有经济特别是集体经济来发展壮大其经济实力。苏南大部分乡镇企业的创业资本源自社区范围内的集体投入，其所有制的基本属性便是以社区政府为代表的集体经济。其二，以民营经济为主的县域发展模式，主要以非国有国营的经济形式和经营方式为主，包含私营经济和个体经济等，具有灵活、适应市场能力强的特点，如浙江模式。其三，以外资经济为主的县域发展模式，广东模式利用县域内便利的经济发展优势及地处沿海、沿江等区位优势及良好的对外交通运输条件，发展以流通组织系统为主导的商贸产业，以商招商、以"外"引外，形成以开放谋发展的模式。

（四）经济运行机制模式

1. 市场推动型发展模式

一些模式并不是通过"官方"的渠道，而是通过民间的"非正式"渠道在市场指导下发挥着非常重要的影响和极其广泛的示范作用。市场推动型模式是指充分运用市场机制，提高资源配置效率，聚集生产要素，推动县域经济的发展（安士婧，2012）。在一定条件下，市场机制能够比政府更好地推动县域经济的发展，温州模式就是市场（民间）推动型发展模式的典型范例。市场推动型发展模式还可根据产品市场的范围分为面向国内市场的县域经济模式和面向国际市场的县域经济模式。其中，外向型县域经济即是面向国际市场的县域经济发展模式，该模式指以国际市场为导向，与国际市场紧密联系，以出口创汇为主要目标或以利用外资为主要经济增长点的县域经济发展模式。

2. 政府推动型发展模式

政府推动型发展模式主要依靠政府的直接介入，通过制订明确的发展规划，出台相应的保障措施和支持政策，吸引企业投资，推动县域经济的发展（安士婧，2012）。苏南模式就是政府推动型发展模式的典型范例。政府除了提供制度和政策环境外，还通过制订非常明确的发展规划和发展战略引导投资者进入，并积极参与引导外部资源尤其是企业家资源的进入。

县域发展模式是县域地区在不断推进现代化与小康社会建设进程中逐步形成的一种独特的发展过程和路径。选择正确的发展模式，对于形成县域科学发展战略、加快县域科学发展速度有着十分重要的作用。然而，不同的县域，其自然环境、资源、区位、经济等条件千差万别，所以，各地县域经济的发展模式和战略功能也应当是各具特色的，切不可照搬、照抄。江西省各县（市）应当依据自身的区位、资源和基础优势，不断培育、创新、发展自己的优势，因地制宜地确立自己的特色发展模式和战略功能定位，做大、做强县域经济，不断提升县域科学的综合实力和竞争力，为建设富裕、和谐、秀美江西做出更新、更大的贡献。

第四章　江西县域发展历程及现状分析

推进县域科学发展建设，是树立科学发展观、构筑和谐社会、全面推进社会主义小康建设的重要任务。江西县域发展经历了一个长期的过程，有部分县市也形成了一定的区域特色或自己的发展模式，本章首先对江西县域发展历程进行整合和分析，总结江西县域发展的阶段性特征和模式特色；其次构建江西县域科学发展的综合评价指标体系，运用因子分析法对江西县域科学发展现状进行全面而具体的分析，从而为江西县域科学发展模式的选择和实现路径提供现实基础以及更有针对性的指导。

一、江西县域发展的主要历程

江西是传统的农业大省，县域的兴衰直接关系到江西经济社会发展的成败。加快江西县域科学发展，是推动整个江西经济社会发展的迫切要求，更是江西未来发展的着力点和突破口。其中，县域经济发展是县域科学发展的主要内容。学习中共十八大，十八届三中全会、四中全会精神，关键要立足实际、抓好"结合"，以十八大的最新理论、最新要求武装头脑、指导实践、推动工作，努力开创县域经济科学发展的新局面。现在，江西县域经济已进入新的发展阶段，中部崛起战略和海西经济发展战略的实施，为加快江西县域经济发展带来了不可多得的机遇。

（一）江西县域的历史沿革

1. 汉朝至元朝期间

江西作为明确的行政区域建制，始于汉高帝初年（公元前约202年）。时设豫章郡，郡治南昌，下辖18县，分别为南昌、庐陵、彭泽、鄱阳、馀汗、柴桑、赣、新淦、南城、宜春、雩都、艾、安平、海昏、历陵和建成等，分布地域为赣江、盱江、信江、修水、袁水沿岸，即与后来的江西省区大致相当。隋朝的江西地区设有7郡24县，至唐朝时增加到8州37县，分别为洪州、饶州、虔州、吉州、江州、袁州、抚州和信州。元朝开始确立行中书省制度（简称行省或省）。江西行省下辖龙兴、吉安、南康、赣州、建昌、江州、南安、瑞州、袁州、临江、抚州、饶州、信州13路和南丰、铅山2直隶州以及48个县、16个县级州。

2. 明朝至民国期间

明朝虽然基本上保留了元朝的省区建制，但改行中书省为布政使司（习惯上仍然称省），改路为府、改州为县。江西布政使司辖南昌、瑞州、饶州、南康、九江、广信、抚州、建昌、吉安、袁州、临江、赣州、南安13府，下辖78县。清朝改江西布政使司为江西省，行政区域基本承袭明建制。另在吉安府增设莲花、南昌府增设铜鼓、赣州府增设虔南3个县级厅，同时升宁都县为省辖直隶州。民国时期，清朝的府、州、厅一律改为县。江西省共辖80县，至1926年北伐军进驻南昌时正式设南昌市。1934年从安徽划婺源县入江西，1947年划回安徽，1949年再次划归江西。

3. 新中国成立至今

中华人民共和国成立后，江西省的行政区划曾经有过多次调整和变动。1949年10月，将全省划分为南昌、袁州、九江、上饶、乐平、抚州、吉安、瑞金、赣州9个专区和南昌市（地级），共辖82个县和九江、临川、上饶、景德镇、吉安、赣州6个县级市。至1956年底，全省行政区域划分共辖5个县级市82个县4个市辖区。1983年又经过一次区划调整，目前，全省共设南昌、九江、景德镇、萍乡、新余、鹰潭、赣州、宜春、上饶、吉安、抚州11个设区市，10个县级市，70个县，20个市辖区（见表4-1）。

表4-1 2014年江西省行政区划

	合计	地级市	县级市	市辖区	县	镇	乡
	22	11	10	20	70	802	601
南昌市	辖5区4县：东湖区、西湖区、青云谱区、湾里区、青山湖区，南昌县、新建县、进贤县、安义县						
九江市	辖2区2市9县：浔阳区、庐山区，瑞昌市、共青城市，九江县、武宁县、修水县、永修县、德安县、星子县、都昌县、湖口县、彭泽县						
景德镇市	辖2区1市1县：昌江区、珠山区，乐平市，浮梁县						
萍乡市	辖2区3县：安源区、湘东区，上栗县、芦溪县、莲花县						
新余市	辖1区1县：渝水区，分宜县						

	合计	地级市	县级市	市辖区	县	镇	乡
	22	11	10	20	70	802	601
鹰潭市	辖1区1市1县：月湖区，贵溪市，余江县						
赣州市	辖2区1市15县：章贡区、南康区，瑞金市，赣县、信丰县、大余县、上犹县、崇义县、安远县、龙南县、定南县、全南县、兴国县、宁都县、于都县、会昌县、寻乌县、石城县						
宜春市	辖1区3市6县：袁州区，樟树市、丰城市、高安市，靖安县、奉新县、上高县、宜丰县、铜鼓县、万载县						
上饶市	辖1区1市10县：信州区，德兴市，上饶县、广丰县、玉山县、婺源县、波阳县、余干县、万年县、弋阳县、横峰县、铅山县						
吉安市	辖2区1市10县：吉州区、青原区，井冈山市，吉安县、新干县、永丰县、峡江县、吉水县、泰和县、万安县、遂川县、安福县、永新县						
抚州市	辖1区10县：临川区，东乡县、金溪县、资溪县、南城县、南丰县、黎川县、广昌县、崇仁县、乐安县、宜黄县						

资料来源：江西省统计局，2014。

（二）江西县域的发展历程

江西县域发展历程与全国县域发展的总体历程基本是一致的，所以根据全国县域发展历程也将新中国成立后的江西县域发展历程分为以下三个阶段（陈文胜和陆福兴，2013；孔小娜，2009）：

阶段一：城乡双轨发展阶段。从新中国成立初期至1978年改革开放前，这一阶段县域内实行城乡分割管理——农村与城市、工业与农业二元分割管理。县域经济发展以公有制为主体，服从国家计划管理，服从国家城市化、工业化优先发展的政策。县域政治以政治动员为手段，服从中央政府意志的需要。

阶段二：以经济为中心发展阶段。从 1978 年中共十一届三中全会到 2003 年中共十六届三中全会，这一阶段县域发展从计划经济向市场经济转变，转变为"以经济建设为中心"的县域发展模式。其间，日益完善的社会主义市场机制和巨大的市场需求为县域中小企业发展创造了难得的发展环境。

阶段三：科学发展阶段。从 2003 年中共十六届三中全会提出科学发展观以后，这一阶段县域发展的指导思想发生了根本性转变。县域发展的根本任务逐渐由经济增长向经济发展转变，县域发展的评价标准逐渐由 GDP 的数量评价向政治、经济、文化、社会、生态环境的协调全面科学发展评价转变，社会发展状态逐渐由城乡二元分割向城乡发展一体化转变，县域发展进入了一个新的阶段。

二、江西县域经济发展现状

近年来，江西县域充分利用各地自然、社会、文化资源条件，大力倡导县域科学发展，并取得较好成绩，已经成为江西省科学发展的重要基础支撑，以下是对现阶段江西县域发展表现出来的阶段性特征进行的归纳和总结（江西省统计局农业统计处，2011；江西省统计局国民经济综合统计处，2012）。

（一）县域经济跨越发展，综合实力日益增强

2011 年，江西省 81 个县（市）完成生产总值 6678.5 亿元，是

2002 年的 5.1 倍，占全省生产总值的 57.1%。9 年间，全省县域经济年均增长速度为 13.3%，高于全省年均增速 0.3 个百分点。在经济总量不断扩张的同时，财政收入快速增加，2011 年 81 个县（市）实现财政收入 786.9 亿元，是 2002 年的 8 倍，年均增长 26.4%，占全省财政总收入的 47.8%。2011 年，有 16 个县（市）GDP 超过 100 亿元，其中，5 个县（市）超过 200 亿元，1 个县（市）过 300 亿元。2014 年公布的全国百强县名单中，南昌县、广丰县 2 个县位列其中，分别位列第 51 名和第 79 名。

（二）产业结构逐步优化，工业化水平显著提高

2011 年，江西县域经济第一、第二、第三产业增加值分别为 1108.5 亿元、3617.9 亿元和 1807.6 亿元，按现价比，三次产业增加值分别为 2002 年的 2.6 倍、7.9 倍和 4.3 倍。三次产业比重由 2002 年的 32.95 : 34.98 : 32.27 调整为 2011 年的 16.96 : 55.37 : 27.66。9 年间，第一产业比重下降了 15.99%，第二产业比重上升了 20.39%，第三产业比重稳定在 30% 左右，第二、第三产业所占比重由 67.25% 提高到 80.03%，三次产业结构实现了从"二一三"向"二三一"的重大转换，江西县域经济发展迈入了工业占主导、服务业发展步伐加快的现代化进程。

（三）招商投资步伐加快，发展后劲越发增强

江西县域招商规模不断扩大，表现出强劲的发展后劲。一方面，江西各地改进招商引资方式，不断提高招商引资水平，扩大利用外资规模。2011 年，县域实际利用外商直接投资 35.72 亿美元，是 2002 年的 3.4 倍，占全省的比重达 58.9%。引进国内外农业项目 306 个、资

金 107.7 亿元，其中引进外资 3.1 亿美元。另一方面，各地的县域投资也保持强势增长。2011 年 81 个县（市）完成固定资产投资 5027.6 亿元，占全省投资的 57.4%，增长 33.3%，高于全省平均水平 2.6 个百分点。投资的快速增长使县域经济发展的基础设施条件得到改善，高速公路通车里程由 2002 年的 666 千米增加到 2011 年的 3603 千米，9 年新增 2937 千米；全省铁路营运里程由 2002 年的 2208 千米增加到 2011 年的 2734 千米，9 年新增 526 千米；高铁实现"零的突破"。县域高速公路和铁路通行能力明显增强，为县域经济实力进一步发展壮大奠定了良好基础。

（四）新农村建设稳步推进，农村面貌得到较大改变

江西的县域土地面积占全省的 90% 以上，人口占全省的 80% 以上，且属于农村人口分布主体区域。壮大县域经济，实质上是有效解决"三农"问题的重要途径。近年来，新农村建设工作稳步推进，农村社会事业得到明显加强，农村面貌发生巨大改变。据统计，在 2011 年底，全省村道总里程达到 81514.34 千米，共建设 5 万多个新农村建设试点，硬化通村公路和村内道路 10 万多千米，修建 8 万个各类公共场所，160 万户农民安装使用太阳能热水器，建立了 8000 个村垃圾处理点，完成 5 万个自然村、500 个集镇农村垃圾无害处理设施建设，逐步构建社会功能齐全的农村新型社区。2014 年，全年新增高速公路通车里程 180 千米，通车总里程达 4515 千米，实现"县县通高速"，新增铁路营运里程 588 千米，达到 3734 千米。沪昆客专杭南长段建成通车，昌吉赣客专开工建设，江西进入"高铁时代"。

（五）节能环保成效明显，发展代价逐步减小

在"发展升级、小康提速、绿色崛起、实干兴赣"十六字方针指

引下，全省不断加大污染防治和生态建设力度，全面推进造林绿化工程，生态环境保持良好。全省森林覆盖率继续提高，由 2005 年的 60.05% 提高到 2014 年的 63.1%，列全国第二位。单位 GDP 能耗降低 20% 的目标任务圆满完成，城区环境空气质量全部达到二级（达标）。全省主要河流监测断面水质达标率 80.5%，二氧化硫排放量削减 1.27%，化学需氧量排放量削减 0.94%。节能环保功效明显，经济发展的代价逐步缩减。2014 年，江西万元生产总值综合能耗 0.573 吨标准煤，下降 3.16%。全年化学需氧量排放量 72.0 万吨，下降 1.96%；二氧化硫排放量 53.4 万吨，下降 4.18%。单位生产总值能耗下降和主要污染物减排完成年度目标任务。南昌、九江空气质量优良率分别为 80.5% 和 84.4%，其他设区市空气环境质量稳定在国家 Ⅱ 级水平。全省地表水监测断面水质达标率 80.9%，设区市城区集中式饮用水源地达标率 100%。国家六部委批复江西省生态文明先行示范区建设实施方案，江西省成为全国首批全境纳入生态文明先行示范区建设的省份。

三、江西县域模式特色

在江西县域经济跨越式发展中，各县市尽管区位环境、资源禀赋、文化传统、发展条件不同，但大都能结合本地实际，因地制宜，大胆实践，积极探索，找准比较优势，培育主导产业，在"特"字上做好产业文章；在"大"字上做强产业规模；在"绿"字上做足产业后劲，走符合当地实际的特色发展之路，努力实现县域经济的跨越发展、

"绿色崛起"①。因此，对江西县域发展的成功模式经验进行总结归纳，为指导其他县域发展有着积极意义。下面根据县域发展的主导因素总结了工业主导突破型、项目投资拉动型、特色产业集聚型、资源集约开发型、农业产业化经营型、城镇化建设推进型和生态循环经济型七种各具特色的江西县域发展模式类型（江西省统计局农业统计处，2011；江西省统计局国民经济综合统计处，2010）。

（一）工业主导突破型

世界文明史表明，发达国家和地区的发展是由工业化带动的，工业化是实现现代化不可逾越的历史阶段。从江西省的情况看，工业相对落后，县域经济实现跨越式发展的突破口和主动力在于工业化。江西各地牢固确立工业在县域经济中的主导地位，始终坚持用新型工业化的思维谋划县域经济的发展，努力使县内各种发展思路向工业聚焦，各项优惠政策向工业倾斜，各方工作力量向工业配置，各种要素资源向工业汇集，通过工业的大发展，实现县域经济总体水平的大提高。如南昌县已形成以汽车及零部件为龙头，以食品饮料和医药医器为支柱，以电机电器和轻纺服装为两翼的五大强势产业集群。

（二）项目投资拉动型

项目是县域经济发展的重要载体，是调整经济结构、加快转变发展方式的重要途径。抓好有利于县域生产要素聚集和优化配置的重大基础设施项目、带动作用强的重大产业项目、就业岗位多的重大服务业项目以及有市场前景、能富民强县的中小项目，通过项目投资拉动

---

① 江西省统计局副局长彭道宾在新华网江西频道采访 http://www.jx.xinhuanet.com/news/2011-10/28/content_23995558_1.htm。

县域经济增长，做大总量，推进产业集聚和产业集群，培育具有竞争优势的核心产业。如湖口县依托沿江优势，大力招商引资，以重大项目为支撑，形成园区产业集群。

（三）特色产业集聚型

依托本地比较优势来发展特色经济，是县域经济的成功之道，产业有特色才能在发展中立于不败之地。经济发达县（市）的经验也告诉我们，特色就是财富、特色就是品牌、特色就是潜力、特色就是竞争力。发展县域特色经济一定要走出"全面抓、抓全面"的常规思维，坚持以市场为导向，结合本地资源状况、交通区位、产业结构、科技水平等综合因素，在国内外经济发展中选准自己的定位，打造自己的特色，扩张自己的优势，努力做到"人无我有、人有我优、人优我特"，抢占市场竞争制高点。如眼镜、雕刻、废旧品回收成为余江县的特色，该县设立了余江眼镜工业园，打造全国眼镜重点生产基地。

（四）资源集约开发型

江西拥有丰富的地下矿藏产，是我国矿产资源配套程度较高的省份之一。江西有色金属、贵金属和稀土金属矿产资源在全国占有重要地位，资源储量居全国前三位的矿产品种有13种。部分县域利用资源优势，推进矿产资源整合和矿产品精深加工，培育壮大矿业经济。主要矿种矿产品加工转化率提高，精深加工产品、高附加值产品比例增大，产业链不断延伸。初步形成了以鹰潭为中心的铜采、选、冶炼加工基地；赣州钨采、选、冶炼加工基地以及稀土矿产品与分离冶炼产品基地；以新余、昌北为中心的硅产业基地。目前，规模以上矿业企业及其延伸产业增加值、利税总额均占全省工业增加值、利税总额的

50％以上。矿业已成为江西国民经济的支柱产业之一，为促进县域经济发展做出了重要贡献。如会昌县依托资源优势，狠抓锡产业的精深加工，提高科技含量和产品附加值，延伸优势产业链条，打造产业集群，将资源优势转化为产业优势。

（五）农业产业化经营型

农业产业化包括农业布局区域化、生产专业化、管理企业化、经营一体化和服务社会化等。农业产业化龙头企业是带动农户进入市场，使农产品生产、加工、销售有机结合、相互促进的纽带。各地充分发挥龙头企业的带动作用，形成了"以市场牵龙头、龙头带基地、基地连农户，贸—工—农一体化"的农业产业化格局和利益连接机制。实践证明，对于工业基础薄弱、工矿资源匮乏的农业大县，农业产业化龙头企业可以极大地带动县域经济的发展。如赣县按照"龙头企业＋生产基地＋营销体系＋合作经济组织＋农户"的工业化农业发展理念，加快脐橙、甜叶菊等农业主导产业发展。

（六）城镇化建设推进型

新型城镇化同时联系着工业化和农业农村现代化。加快推进新型城镇化是扩大内需、调整结构的重要"抓手"，是保持经济平稳较快发展的重要"引擎"。充分发挥城镇化建设的带动作用和对经济发展的倍增效应，对加速江西县域经济崛起具有重要意义。但是在推进新型城镇化过程中，需要以提高县域城镇综合承载力、集聚力和辐射力为核心，以加快产业、人口和生产要素集聚为基础。根据统计，2010年全省城镇化率达到44.1％，比2005年提高了7.0个百分点。据专家测算，我国城镇化率每提高1个百分点，将增加1300多万城镇人口，新增投资 6.6 万亿元。如新干县围绕"一江两岸"滨江花园城市的构想，重点实施"城市南扩、沿江开发、跨江发展"三大工程，强力推进县城建设。

（七）生态循环经济型

生态循环经济是以物质的闭环流通为特征，改变传统的线性流动的经济发展模式，取而代之的是以反馈循环模式的经济发展方式，即物质生产过程由"资源—产品—污染排放"变为"资源—产品—再生资源"的反馈式循环模式。循环经济遵循"减量化、再使用、再循环"的"3R"原则，主要运用生态学规律指导社会经济活动，本质上是一种生态经济。县域经济要实现发展方式的转变，生态循环经济是必由之路。如横峰县按照"工业兴县、生态立县"的理念，淘汰效益低、产能落后、环保不达标的企业，引进高科技、高效益、低能耗企业，助推产业升级，实现经济与生态的良性互动。

第五章 江西县域发展综合评价

"郡县治，则天下治"，县域是我国社会运行的微观基础。县域发展的好坏，关系到科学发展观的深入贯彻落实。为此，设计一套科学、全面的县域科学发展评价指标体系，准确衡量和综合评价县域科学发展的现状情况，对于全面了解和比较县域间的差异，促进县域全面、协调和可持续发展具有重要意义。

一、县域科学发展的评价指标体系构建

（一）指标体系构建的原则

县域科学发展综合评价指标体系是县域科学发展内容的具体体现，其设计应该充分体现科学发展的内涵。选取具有代表性的指标，采用定量分析方法，尽可能准确、全面地利用模型测度县域科学发展水平。设计一套针对江西县域科学发展评价指标体系，既要吸收国内外研究

成果，又要统筹考虑县域科学发展的内在要求。因此，在指标体系设计过程中，我们需要遵循以下原则：

1. 全面性和针对性原则

县域科学发展涵盖经济发展、社会民生、公共服务及生态环境等多个领域，指标体系既能够全面反映各个领域的主要特征和状况，又能选取具有典型代表性的各子系统，使得各子系统避免意义相近以及指标重复，各指标之间相互作用、相互制约，表现出整体性和针对性的特征。

2. 可比性原则

县域经济科学发展是一个动态过程，并没有一个明确的标准来判断一个县域是否是科学发展的，必须通过比较各个县域之间或者一个县域的不同时期的发展状况，才能判断各个县域经济科学发展的程度和水平，因此，所建立的指标体系应具备对县域之间或一个县域的不同时期经济发展状况进行比较的功能。

3. 可操作性原则

指标体系在设置上要力求简明实用，必须选择最能反映县域经济科学发展的关键性指标，尽量使指标少而精，所需数据要尽可能与国家政策和各项发展规划相结合，接近现有统计口径，接近现实情况；所需数据和资料要易于搜集和整理，而不必面面俱到。

4. 动态性原则

统筹县域科学发展是一个动态系统，指标体系也必然要具有动态变化的特点。指标设置要充分体现动态趋势，顺应经济社会发展规律。一方面要对某一时间断面所有县域的经济发展做出评价；另一方面还可用其对一个县域不同时期发展变化进行动态监测，尤其是某一方面发生变化时，通过这一指标体系可以看出其对县域总体发展的影响。

（二） 指标体系的框架设计

1. 总体框架

县域经济社会发展综合评价指标体系是由多种因素测度指标有机结合而成的综合体。根据科学发展观要求，县域经济科学发展不仅要考虑经济的增长和动力机制，还要兼顾社会公平和效率、民生与和谐以及资源与环境等方面的全面发展。由此，要对县域经济科学发展能力做出客观评价，就必须构建兼顾经济发展、社会公平和环境协调的综合评价体系。本书在综合比较相关研究成果文献的基础上，主要参考人民论坛问卷调研中心设计的中国县域科学发展指标体系和江西省政府的县（市、区）年度综合评价指标体系，根据全面性、针对性、可比性、可操作性和动态性原则，选取了衡量县域科学发展竞争力的指标，以反映各县域的综合发展实力。表 5 - 1 汇总了江西省县域科学发展综合评价指标体系中目标层、准则层和指标层的具体内容，其中，指标层主要从经济规模与增长动力、产业结构、社会和谐度、公共服务水平以及资源与环境系统五个子系统（准则层）共选取了 19 个具体指标（姜涛，2009）。

2. 指标说明

（1） 经济规模与增长动力。经济规模水平是衡量过去县域经济发展的成果沉淀，而增长动力是县域未来经济发展潜力的重要内容。该子系统一方面表明县域经济总体发展达到的水平层次；另一方面表现为县域未来发展的平台基础。经济规模选取了县域 GDP 总量 （X1） 和县域财政总收入 （X2） 作为指标，县域 GDP 总量体现一定时期内经济活动的产出总量，反映一个地区一段时期内生产活动的成果；县域财政收入是财政参与社会产品分配所取得的收入，表达政府吸纳财

表 5-1 江西省县域科学发展综合评价指标体系

目标层	准则层	指标层		
		指标符号	指标名称	指标类别
江西省县域科学发展综合评价指标体系	经济规模与增长动力	X1	县域 GDP 总量（万元）	正指标
		X2	县域财政总收入（万元）	正指标
		X3	社会消费品零售总额（万元）	正指标
		X4	固定资产投资完成额（万元）	正指标
		X5	出口总额（万美元）	正指标
		X6	实际使用外资金额（万美元）	正指标
	产业结构	X7	第二产业 GDP 占总 GDP 比重（%）	正指标
		X8	第三产业 GDP 占总 GDP 比重（%）	正指标
	社会和谐度	X9	医疗保险覆盖率（%）	正指标
		X10	养老保险覆盖率（%）	正指标
		X11	城镇化率（%）	正指标
		X12	城镇在岗职工平均收入（元/人）	正指标
		X13	城乡收入比（%）	负指标
		X14	人均粮食占有量（千克/人）	正指标
	公共服务水平	X15	公路密度（千米/万人）	正指标
		X16	中小学教师总数（人）	正指标
		X17	每万人拥有病床数量（个/万人）	正指标
	资源环境系统	X18	人均耕地保有量（平方米/人）	正指标
		X19	环境污染治理投资额占 GDP 比重（%）	正指标

政资源的能力与发展地方经济的能力。经济增长的"三驾马车"（消费、投资和出口）是县域经济增长的动力机制，分别选取了全社会消费品零售总额（X3）、全社会固定资产投资完成额（X4）、出口总额（X5）、实际使用外资金额（X6）指标进行比较分析。全社会消费品零售总额指一国在一定时期内向国内消费者出售生活消费品的总额，反映居民生活资料消费水平；全社会固定资产投资完成额体现对社会经济发展的支撑与动力；出口总额和实际使用外资金额反映该县域的

对外经济联系程度。

（2）产业结构。目前，江西省三次产业结构基本实现了从"二一三"向"二三一"的重大转换，县域经济发展迈入了工业占主导、服务业发展步伐加快的现代化进程，所以具体选取了第二产业 GDP 占总 GDP 的比重（X7）和第三产业 GDP 占总 GDP 的比重（X8）作为表征指标。

（3）社会和谐度。构建和谐社会是地方科学发展的最终目的，和谐社会建设需要不断提高社会保障水平，促进城乡统筹发展、维护社会的公平和稳定。医疗保险覆盖率（X9）和养老保险覆盖率（X10）反映地区居民的社会保障程度，医疗保险覆盖率指城乡居民参与医疗保险的人数比重；养老保险覆盖率是城乡居民参与养老保险的人数比例。城镇化率（X11）和城镇在岗职工平均收入（X12）反映县域城乡统筹发展水平与居民生活水平层次，城镇化率指城镇人口占县域总人口的比例；城镇在岗职工平均收入一定程度上反映了城镇居民的实际生活水平。城乡收入比（X13）和人均粮食占有量（X14）可以作为表征社会公平和社会安全稳定的指标，城乡收入比是城镇在岗职工平均收入①与农民纯收入的比值；人均粮食占有量根据县域粮食总产量与年末总人口数计算而得。

（4）公共服务水平。公共服务水平体现政府对基础设施、教育、医疗等公共服务的供给能力，选择公路密度（X15）、中小学教师总数（X16）、每万人拥有病床数量（X17）三个表征指标。公路密度是每万人的公路里程数量，代表县域基础设施水平；教育服务水平的提供选择了中小学教师总数作为指标；万人拥有病床数量反映该地区的医

---

① 理论上，城乡收入比选择城镇人均可支配收入与农民纯收入之比更为合适，但是鉴于市县的城镇人均可支配收入数据难以获得，所以选择城镇在岗职工人均收入替代。

疗救治程度。

（5）资源环境系统。由于近年来工业化和城镇化的加速，而经济增长又基本建立在高消耗、高污染的传统发展模式上，部分地区经济发展与能源、水、土地、矿产等资源不足的矛盾越来越尖锐，生态环境受到前所未有的破坏，资源与环境可持续发展利用面临的压力越来越大。选择人均耕地保有量（X18）表征县域资源容量；环境污染治理投资额占 GDP 比重（X19）是政府投入环境污染治理的资金占 GDP 总量的比例，表示政府对环境修复和环境保护的决心和行动。

二、数据收集与整理

为了进一步量化江西县域科学发展的现状情况，本书所选取的 19 个指标的指标值均来源于《江西统计年鉴 2011》中市县统计资料，使用全省 81 个县（市）2010 年的数据作为县域科学发展综合评价的基础值①。表 5 - 2 展示了各个指标的描述性统计，包括样本数量、指标均值和指标标准差。

从表 5 - 2 可知，2010 年江西县域 GDP 总量平均值为 675609 万元，县域财政总收入为 74131 万元。表征增长动力的社会消费品零售总额、固定资产投资完成额、出口总额和实际使用外资金额分别为 182052 万元、511729 万元、6391 万美元和 3931 万美元。第二产业和第三产业增加值分别占 GDP 总量的 51％和 30％。医疗保险覆盖率为

---

① 因为《江西统计年鉴》对江西县域口径的各类统计数据截止到 2010 年，也就是说 2011 年及以后并没有县域层面的统计数据，所以本书只能使用《江西统计年鉴 2011》的数据作为基础研究数据。

81%、养老保险覆盖率为 17%。平均城镇化率为 20%，城镇在岗职工平均收入为 24606 元/人。反映社会稳定和安全的城乡收入比高达 5.13，人均粮食占有量为 522 千克/人。县域平均公路密度为 35 千米/万人，中小学教师总数为 3704 人，每万人拥有病床数量为 20 个/万人。表征资源容量的人均耕地保有量为 546 平方米/人，环境污染治理投资额平均占 GDP 的 0.38%。

表5-2 江西省县域科学发展综合评价指标的描述性统计

指标符号	指标名称	样本数量（个）	均值	标准差
X1	县域 GDP 总量（万元）	81	675609	494273
X2	县域财政总收入（万元）	81	74131	58332
X3	全社会消费品零售总额（万元）	81	182052	102270
X4	全社会固定资产投资完成额（万元）	81	511729	404392
X5	出口总额（万美元）	81	6391	6166
X6	实际使用外资金额（万美元）	81	3931	3831
X7	第二产业 GDP 占总 GDP 比重（%）	81	51	11
X8	第三产业 GDP 占总 GDP 比重（%）	81	30	7
X9	医疗保险覆盖率（%）	81	81	10
X10	养老保险覆盖率（%）	81	17	12
X11	城镇化率（%）	81	20	6
X12	城镇在岗职工平均收入（元/人）	81	24606	26665
X13	城乡收入比（%）	81	5.13	4.23
X14	人均粮食占有量（千克/人）	81	522	254
X15	公路密度（千米/万人）	81	35	16
X16	中小学教师总数（人）	81	3704	2206
X17	每万人拥有病床数量（个/万人）	81	20	6
X18	人均耕地保有量（平方米/人）	81	546	193
X19	环境污染治理投资额占 GDP 比重（%）	81	0.38	0.60

资料来源：《江西统计年鉴》（2011）。

三、实证分析

（一） 研究方法

在县域科学发展综合评价研究中，描述某个县域特征的可选择统计指标往往比较多，而这些指标又相互联系，所以可以运用因子分析方法（Factor Analysis），利用降维的思想将数据进行归纳，将关系错综复杂的具体影响因素归结为几个综合因素（因子），从而将多个影响县域科学发展的因素转化为少数几个相互独立且包含以上影响因素大部分信息的一种多变量统计分析方法，其出发点是影响经济发展的多种原始因素的相关矩阵。这样既可以避免主观因素的影响，同时又使各主要影响因子之间较为独立，使得数据分析较为准确。

因子分析法主要用于数据简化和降维的多元统计分析方法。其基本思想是根据相关性大小将变量进行分组，使得同组内的变量之间相关性较高，而不同组的变量相关性较低。每组变量代表一个基本结构，这个基本结构称为公共因子。在研究问题时用最少数量的公共因子来简化数据的处理，同时尽量全面地反映原始数据所代表的信息（黄润龙，2004；Johmson & Wicherm，2001；苏金明，2000）。因子分析方法如下：

（1） 根据研究问题选取原始变量。

（2） 对原始变量进行标准化，并求解相关矩阵。

（3） 求解初始公共因子及因子载荷矩阵。

（4）因子旋转。

（5）根据因子得分值进行进一步分析。

（二）实证结果

使用 SPSS 17.0 软件对江西县域科学发展综合评价进行因子分析，该软件可以直接通过软件计算得相关系数矩阵，而且无须预先对指标向量进行标准化处理，软件会自动将各类指标进行无量纲化，这样通过因子分析法的精简和分类，使江西县域科学发展的最终评价结果更加科学。

1. 因子分析适宜性检验

实验采用 KMO 统计量和 Bartlett's 球形检验进行因子分析适宜性检验。KMO 统计量的取值范围在 0 ~ 1，如果 KMO 统计量高于 0.5，则表示适合做因子分析。本书 KMO 统计量接近为 0.7，表明做因子分析效果还可以。Bartlett's 球形检验主要是用于检验相关矩阵是否为单位阵，即各变量是否各自独立。显著性概率小于 0.01 表示拒绝相关矩阵是单位阵的零假设，说明各变量不相互独立。本书 Bartlett's 球形检验的显著性概率为 0.000，因此拒绝相关矩阵是单位阵的零假设，检验通过（见表 5 - 3）。

表 5 - 3　KMO 统计量和 Bartlett's 球形检验

Kaiser – Meyer – Olkin Measure of Sampling Adequacy.		0.691
Bartlett's Test of Sphericity	Approx. Chi – Square	1211.881
	df	171
	Sig.	0.000

资料来源：SPSS 因子分析结果。

2. 分解总方差

该步骤是计算相关矩阵的特征值、方差贡献率并提取公共因子。以主成分方法作为公共因子的提取方法，选定公共因子的提取原则为累计贡献率大于 80%。从总方差分解表看，公共因子有 7 个，其方差贡献率分别为 29.344%、15.315%、11.042%、9.263%、6.643%、6.167% 和 5.316%，方差累计贡献率达 83.090%，其所代表的信息量已能比较充分地解释并提供原始数据所能表达的信息（见表 5 - 4）。所以只要选择 7 个公共因子，所代表的信息量已能比较充分地解释并提供原始数据所能表达的信息。

表 5 - 4　总分差分解表

成分	初始特征值			提取平方和载入			旋转平方和载入		
	合计	方差(%)	累计(%)	合计	方差(%)	累计(%)	合计	方差(%)	累计(%)
1	5.575	29.344	29.344	5.575	29.344	29.344	4.907	25.827	25.827
2	2.910	15.315	44.659	2.910	15.315	44.659	2.397	12.616	38.443
3	2.098	11.042	55.701	2.098	11.042	55.701	2.093	11.018	49.461
4	1.760	9.263	64.964	1.760	9.263	64.964	2.080	10.947	60.408
5	1.262	6.643	71.607	1.262	6.643	71.607	1.833	9.649	70.056
6	1.172	6.167	77.774	1.172	6.167	77.774	1.382	7.272	77.329
7	1.010	5.316	83.090	1.010	5.316	83.090	1.095	5.762	83.090
8	0.841	4.424	87.515						
9	0.566	2.979	90.494						
10	0.494	2.602	93.095						
11	0.362	1.906	95.002						
12	0.249	1.311	96.313						
13	0.189	0.994	97.308						
14	0.139	0.730	98.038						
15	0.115	0.608	98.645						
16	0.109	0.573	99.219						
17	0.078	0.411	99.630						
18	0.040	0.210	99.840						
19	0.030	0.160	100.000						

3. 确定公因子

该步骤是求解因子载荷矩阵，最终确定公共因子。本书所使用的因子提取方法是主成分方法，旋转方法使用 Varimax 最大方差旋转。初步得出的因子荷载矩阵结构不够简明，各公共因子的典型代表变量不是很明显，容易使公共因子的意义含糊不清，不利于对公共因子进行解释（见表5－5）。所以有必要对因子载荷矩阵实行旋转，使因子载荷矩阵中因子载荷的平方值向 0 和 1 两个方向分化，即各变量在某公共因子上有高额载荷，而在其他公共因子上只有较小的载荷。最常用的旋转方式是最大方差旋转法（Varimax），采用该方法对因子载荷矩阵进行旋转就可以转得旋转后的因子载荷矩阵，而且旋转后的因子载荷矩阵是按系数变量的大小排序的（Ramanthan，1989）。

表5－6 展示了旋转后因子载荷矩阵，根据表中 7 个公因子所包含变量的原始含义对其进行命名。公因子 F1 在县域 GDP 总量（X1）、县域财政总收入（X2）、社会消费品零售总额（X3）、固定资产投资完成额（X4）、出口总额（X5）、实际使用外资金额（X6）6 个指标变量上有大于 0.65 的载荷数，因此公因子 F1 主要反映的是县域经济发展实力状况，其贡献率最大，达到 29.344%。公因子 F2 与城镇在岗职工平均收入（X12）、城乡收入比（X13）有较大的相关性，其方差贡献率是 15.315%，主要反映的是县域社会公平情况。公因子 F3 与人均粮食占有量（X14）、人均耕地保有量（X18）存在较大的相关性，其方差贡献率是 11.042%。公因子 F4 主要与城镇化率（X11）、公路密度（X15）、中小学教师总数（X16）、每万人拥有病床数量（X17）等指标密切相关，反映县域对基础设施、医疗和教育等公共服务供给水平，其方差贡献率是 9.263%。公因子 F5 与第二产业 GDP 占总 GDP 比重（X7）、第三产业 GDP 占总 GDP 比重（X8）有较大关

联，表示县域产业结构调整情况，其方差贡献率是 6.643%。公因子 F6 反映社会保障系统的状况，与医疗保险覆盖率（X9）、养老保险覆盖率（X10）两个指标关系密切，其方差贡献率是 6.167%。公因子 F7 与环境污染治理投资额占 GDP 比重（X19）的载荷指数高达 0.939，表示县域政府对生态环境保护的重视程度以及行动能力，其方差贡献率是 5.316%。

表 5-5　旋转前因子载荷矩阵（Component Matrixa）

因子 变量	Component						
	1	2	3	4	5	6	7
X1	0.961						
X2	0.916			0.112		0.115	
X3	0.869	-0.176			0.115		
X4	0.914	0.163	-0.103				
X5	0.674	0.165	-0.382	0.108	0.329		
X6	0.758	0.134	-0.277		0.263	0.192	
X7	0.407	0.564	-0.165	0.445	-0.361	-0.302	
X8	-0.321	-0.539	0.139	-0.133	0.508	0.505	
X9			0.258	0.227	0.554	-0.503	
X10	-0.190	0.293		0.221	0.391	-0.227	0.424
X11		0.635	0.277	0.196	-0.110	0.526	
X12	0.445	-0.222	0.792	0.190			-0.105
X13	0.301	-0.389	0.776	0.214		-0.115	-0.104
X14	0.206	0.504	0.297	-0.717			-0.151
X15	-0.293	0.638	0.254		0.375		-0.187
X16	0.649	-0.532		-0.225	-0.166		
X17	-0.175	0.430	0.360	0.483		0.337	
X18	0.130	0.608	0.268	-0.660		-0.132	
X19			0.284	-0.234	-0.147	0.146	0.851

表5-6 旋转后因子载荷矩阵（Rotated Component Matrixa）

因子 变量	Component						
	1	2	3	4	5	6	7
X1	0.900	0.280			0.119	-0.124	
X2	0.865	0.269			0.187	-0.109	
X3	0.823	0.277		-0.206			0.104
X4	0.888	0.107	0.141		0.234		
X5	0.809	-0.224				0.153	-0.107
X6	0.869	-0.119					
X7	0.304			0.242	0.880		
X8	-0.120		-0.195		-0.942		
X9		0.262		-0.130		0.766	-0.119
X10		-0.172		0.170		0.661	0.221
X11	0.117		0.182	0.846	0.101	-0.151	0.120
X12	0.197	0.942					
X13		0.949					
X14	0.118		0.955				
X15	-0.185	-0.113	0.420	0.541		0.400	-0.237
X16	0.487	0.409		-0.510		-0.306	0.171
X17	-0.128	0.138		0.796			
X18			0.932		0.131		0.125
X19			0.106				0.939

资料来源：SPSS因子分析结果。

4. 综合评价

为了对江西县域科学发展进行综合评价，有必要根据县域科学发展综合得分对江西81个县（市）进行排序后，再做进一步分析。所以，因子分析之后，我们可以使用回归法计算出因子得分，并以每个主成分所对应的特征值占所提取主成分总的特征值之和的比例作为权重进行加权求和，计算主成分综合模型（Becker，1987），得出江西省各县（市）的县域科学发展综合指数。计算公式为：

$$F = a1/(a1 + a2 + a3 + a4 + a5 + a6 + a7) \times F1 + a2/(a1 + a2 + a3 + a4 + a5 + a6 + a7) \times$$
$$F2 + a3/(a1 + a2 + a3 + a4 + a5 + a6 + a7) \times F3 + a4/(a1 + a2 + a3 + a4 + a5 + a6 + a7) \times$$
$$F4 + a5/(a1 + a2 + a3 + a4 + a5 + a6 + a7) \times F5 + a6/(a1 + a2 + a3 + a4 + a5 + a6 + a7) \times$$
$$F6 + a7/(a1 + a2 + a3 + a4 + a5 + a6 + a7) \times F7$$

式中，F 表示县域科学发展综合指数；F1 ~ F7 分别表示经济发展实力、社会公平、资源保障系统、公共服务供给、产业结构调整、社会保障体系和生态环境保护 7 个公因子；a1 ~ a7 分别表示 7 个公因子各自的方差贡献率。所以江西县域科学发展综合指数的具体表达式为：

$$F = F1 \times (0.29344/0.8309) + F2 \times (0.15315/0.8309) + F3 \times (0.11042/0.8309) +$$
$$F4 \times (0.09263/0.8309) + F5 \times (0.06643/0.8309) +$$
$$F6 \times (0.06167/0.8309) + F7 \times (0.05316/0.8309)$$

根据主成分综合模型即可计算综合主成分，并对其按综合主成分分值进行排序即可对各地区进行综合评价比较，表 5 - 7 展示了江西县域科学发展各主成分得分和综合评价指数，并按降序排序。同时，我们也绘出了江西省 81 个县域科学发展综合评价指数分布情况以及江西县域科学发展综合排名与经济排名之间的差异情况（见图 5 - 1 和图 5 - 2）。

表 5 - 7 江西县域科学发展各主成分得分和综合评价指数

县域	排名	综合指数	F1	F2	F3	F4	F5	F6	F7
丰城市	1	2.225	1.453	8.337	0.464	0.566	0.065	0.230	0.437
南昌县	2	2.014	6.431	- 1.580	0.583	0.350	- 0.281	- 0.059	- 0.868
贵溪市	3	0.921	2.377	- 0.509	- 0.093	0.575	1.362	- 0.116	0.355
新建县	4	0.768	2.033	- 0.404	1.103	0.110	- 0.700	0.298	- 0.013
樟树市	5	0.607	1.067	0.057	1.414	0.174	- 0.071	- 0.423	0.768
乐平市	6	0.464	1.516	0.165	- 0.578	- 0.222	0.565	- 0.263	- 0.408

县域	排名	综合指数	F1	F2	F3	F4	F5	F6	F7
高安市	7	0.429	0.698	0.233	1.156	-0.072	-0.502	-0.710	1.360
永修县	8	0.383	-0.089	-0.458	1.362	-0.058	1.242	0.030	3.488
分宜县	9	0.342	0.610	0.082	-0.153	1.208	0.966	-0.607	-0.539
泰和县	10	0.338	0.361	-0.164	1.373	0.200	0.136	0.276	0.076
吉安县	11	0.273	0.348	-0.013	1.458	-0.145	0.285	0.089	-0.856
上高县	12	0.273	0.527	-0.515	0.602	1.091	0.059	0.064	-0.465
湖口县	13	0.258	0.060	-0.268	-0.582	0.471	2.625	0.579	0.909
安福县	14	0.257	-0.089	-0.124	1.387	0.394	0.343	0.375	0.427
奉新县	15	0.239	-0.279	-0.241	1.692	1.103	1.251	-0.673	-0.253
德兴市	16	0.220	0.450	0.221	-0.971	1.830	0.144	-0.895	0.000
宜丰县	17	0.209	-0.534	0.149	1.646	1.039	0.068	0.634	-0.265
南城县	18	0.195	-0.031	-0.287	1.250	0.528	-0.710	0.314	1.043
峡江县	19	0.187	-0.820	-0.251	3.153	0.680	0.151	0.359	-0.162
广丰县	20	0.170	1.516	-0.168	-1.513	-0.828	-0.438	-1.035	1.111
新干县	21	0.164	-0.244	-0.073	1.898	0.171	0.295	0.255	-0.783
乐安县	22	0.153	-0.571	-0.310	0.359	0.559	-1.285	1.717	4.332
瑞昌市	23	0.115	0.198	0.109	-1.685	1.630	1.472	-0.708	0.029
芦溪县	24	0.114	-0.081	-0.252	-0.538	-0.377	1.364	2.717	-0.128
东乡县	25	0.097	0.207	-0.068	0.154	0.464	0.484	-0.830	-0.201
于都县	26	0.092	0.521	0.217	-1.340	-0.323	-0.175	0.752	0.632
进贤县	27	0.055	0.622	-0.184	0.536	-1.008	0.414	-1.285	-0.422
靖安县	28	0.052	-0.750	-0.285	0.396	2.122	-0.324	1.540	-0.131
玉山县	29	0.046	0.496	-0.219	-1.276	-0.035	-0.318	-0.327	2.101
永丰县	30	0.020	-0.135	-0.133	0.878	0.008	-0.185	-0.010	-0.156
吉水县	31	0.011	-0.075	-0.334	1.820	-0.752	-0.225	-0.269	-0.324
龙南县	32	0.001	0.883	-0.948	-1.407	-0.146	-0.411	1.498	-0.174
德安县	33	-0.008	-0.310	-0.385	-0.652	1.764	0.995	0.196	-0.501
共青城市	34	-0.029	-0.932	-0.195	-1.227	3.131	2.865	-0.743	-0.375
万安县	35	-0.033	-0.671	0.339	1.537	-0.072	-0.283	0.587	-1.191
信丰县	36	-0.057	0.781	-0.359	-0.581	-0.516	-1.011	-0.176	-0.591
万载县	37	-0.061	-0.205	-0.233	-0.497	-0.792	0.817	1.658	0.322

续表

县域	排名	综合指数	F1	F2	F3	F4	F5	F6	F7
武宁县	38	-0.068	-0.151	-0.245	0.023	-0.104	-0.065	0.573	0.028
大余县	39	-0.072	-0.181	0.176	-1.149	1.645	-0.263	-0.717	0.055
浮梁县	40	-0.072	-0.313	-0.563	0.376	-1.465	0.883	2.519	-0.033
井冈山市	41	-0.077	-0.418	0.185	-0.099	2.199	-2.064	0.375	-0.909
南康市	42	-0.087	0.390	0.281	-1.104	-0.426	-0.546	-0.208	-0.366
赣　县	43	-0.099	0.209	0.023	-0.846	-0.756	0.452	0.101	-0.378
上栗县	44	-0.110	0.249	0.126	-0.865	-1.787	1.403	0.471	-0.847
婺源县	45	-0.119	-0.053	-0.028	-0.018	0.340	-1.720	0.959	-1.005
南丰县	46	-0.139	-0.218	-0.308	0.837	-0.043	-1.210	0.033	-0.271
上饶县	47	-0.148	0.003	0.678	-1.427	-2.139	1.996	0.241	-0.367
金溪县	48	-0.162	-0.632	-0.119	1.621	-0.170	-0.584	-0.332	-0.653
鄱阳县	49	-0.164	0.061	0.607	0.484	-2.465	-0.735	-1.229	0.983
遂川县	50	-0.171	-0.365	0.479	-0.249	-0.476	-0.201	0.309	-0.793
全南县	51	-0.191	-0.448	-0.218	-0.942	1.685	-0.654	-0.162	0.140
横峰县	52	-0.192	-0.667	0.202	-0.820	-0.258	1.398	-0.113	0.641
宜黄县	53	-0.194	-0.943	-0.259	1.017	-0.308	0.881	0.579	-0.431
兴国县	54	-0.194	-0.156	0.394	-0.645	-0.627	-0.064	-0.356	-0.386
万年县	55	-0.202	-0.336	0.141	-0.344	-0.776	0.641	-0.701	0.376
九江县	56	-0.205	-0.365	-0.291	-1.014	-0.102	1.412	0.436	-0.335
都昌县	57	-0.206	-0.214	-0.231	-0.243	-1.552	-0.043	-0.545	2.519
修水县	58	-0.207	0.140	-0.538	-0.468	-1.572	-0.595	1.698	0.025
莲花县	59	-0.226	-0.546	0.074	-0.144	-0.643	-0.456	1.880	-0.924
铜鼓县	60	-0.233	-0.999	-0.393	-0.415	1.240	-1.025	-0.256	3.276
黎川县	61	-0.235	-0.692	-0.127	0.558	-0.375	0.314	0.035	-0.426
余江县	62	-0.238	-0.418	-0.230	0.380	-0.538	0.381	-0.583	-0.401
永新县	63	-0.243	-0.458	0.209	0.106	-0.569	-0.104	-0.108	-0.840
崇仁县	64	-0.274	-0.866	0.120	0.906	-0.644	1.096	-1.019	-0.799
定南县	65	-0.277	-0.504	0.258	-1.177	1.138	-1.019	0.115	-0.688
安义县	66	-0.280	-0.241	-0.611	0.250	0.562	-0.401	-1.349	-0.723
弋阳县	67	-0.283	-0.155	-0.191	-0.107	-0.411	-0.586	-0.863	-0.339
瑞金市	68	-0.283	0.352	-0.267	-1.036	-0.063	-2.299	-0.273	-0.142

县域	排名	综合指数	F1	F2	F3	F4	F5	F6	F7
铅山县	69	−0.285	−0.020	−0.132	−0.678	−0.514	−0.737	−0.606	−0.031
会昌县	70	−0.299	−0.590	0.251	−0.823	−0.609	−0.657	0.181	1.249
彭泽县	71	−0.311	−0.410	−0.343	−0.225	−1.403	1.003	0.523	−0.560
崇义县	72	−0.320	−0.882	0.030	−0.804	0.282	0.788	0.531	−0.637
宁都县	73	−0.330	−0.450	0.391	0.294	−1.408	−0.707	−0.494	−0.509
星子县	74	−0.356	0.066	−0.472	−1.059	0.552	−1.958	−0.142	−0.721
广昌县	75	−0.444	−1.036	0.370	0.012	−0.729	0.181	−0.291	−0.940
上犹县	76	−0.448	−0.457	−0.049	−0.975	−0.310	−1.166	0.355	−0.737
石城县	77	−0.502	−1.036	0.181	−0.507	0.165	−1.255	0.086	−0.417
资溪县	78	−0.508	−0.789	−0.376	−0.792	0.337	−0.247	−0.773	−0.240
寻乌县	79	−0.568	−1.019	0.279	−0.536	−0.613	−1.045	−0.084	−0.477
安远县	80	−0.591	−0.763	0.203	−0.741	−0.114	−1.951	−0.517	−0.833
余干县	81	−0.890	−1.020	−0.623	0.260	−0.999	0.478	−5.317	0.283

通过分析江西省各县域科学发展综合评价得分排名情况、县域科学发展综合评价指数分布图以及江西县域科学发展综合排名与经济发展水平排名之间的差异情况，我们总结出江西县域科学发展的主要特征如下：

（1）总体而言，江西县域科学发展水平整体偏弱。从图 5 − 1 可以看出，江西省大部分县域的综合得分处于中下水平。笔者按照县域科学发展综合评价指数把江西省 81 个县（市）分成四个等级：县域类型 I（综合评价指数 ≥0.8）、县域类型 II（≤0.3 综合评价指数 <0.8）、县域类型 III（≤0.1 综合评价指数 <0.3）和县域类型 IV（综合评价指数 <0.1）。可以发现，县域类型 I 属于县域科学发展综合实力强劲的县（市），该类型仅有丰城市、南昌县、贵溪市 3 个县（市），占总样本的 3.7%；县域类型 II 属于县域科学发展综合实力较强的县（市），

该类型包含新建县等 7 个县（市），占总样本的 8.6%；县域类型Ⅲ属于县域科学发展综合实力一般的县（市），该类型包括吉安县等 14 个县（市），占总样本的 17.3%；县域类型Ⅳ属于县域科学发展综合实力较弱的县（市），该类型包含东乡县等 57 个县（市），占江西总县域样本的 70.4%。

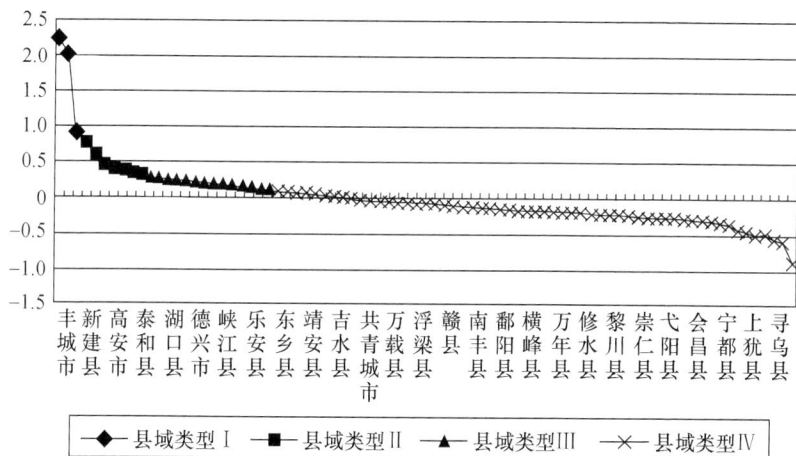

图 5-1 江西县域科学发展综合评价指数分布情况

（2）江西省 81 个县（市）县域科学发展综合水平存在极度不平衡的县域差异。从表 5-7 可以看出，江西县域科学发展综合评价指数最高的前 10 名分别是丰城市、南昌县、贵溪市、新建县、樟树市、乐平市、高安市、永修县、分宜县和泰和县，县域科学发展综合评价指数的平均值为 0.849。排名后十位的分别是崇义县、宁都县、星子县、广昌县、上犹县、石城县、资溪县、寻乌县、安远县和余干县，县域科学发展综合评价指数的平均值仅为 -0.496，前者为后者的 2.7 倍，充分体现出江西县域科学发展综合水平的县域差异。

（3）经济实力水平在县域科学发展中占据相当重要的地位，但并非完全占决定性地位。表示县域经济发展实力的公因子 F1 方差贡献率最大，高达29.244%。从图5-2可以看出，县域科学发展综合水平较高的区域其经济实力往往也更强，这一点在县域类型Ⅰ和县域类型Ⅱ表现更为突出。如县域科学发展综合实力前七位的县（市），其经济实力排名基本在前十名之内。2011年公布的中部地区县域经济百强县名单中，江西有南昌县、丰城市、贵溪市、新建县、广丰县等12个县（市）抢占席位，其中有8个县（市）进入到县域科学发展综合评价得分的前十名。但是县域科学发展是经济、社会和环境等各方面的综合体，所以县域经济发展实力对县域科学发展水平并非完全起决定性作用。如县域科学发展综合水平排名第八的永修县，其经济实力排名仅为第36名。而县域科学发展综合水平排名第15名的奉新县、第17名的昌丰县和第19名的峡江县，其经济实力排名分别仅为第47名、第61名和第72名。

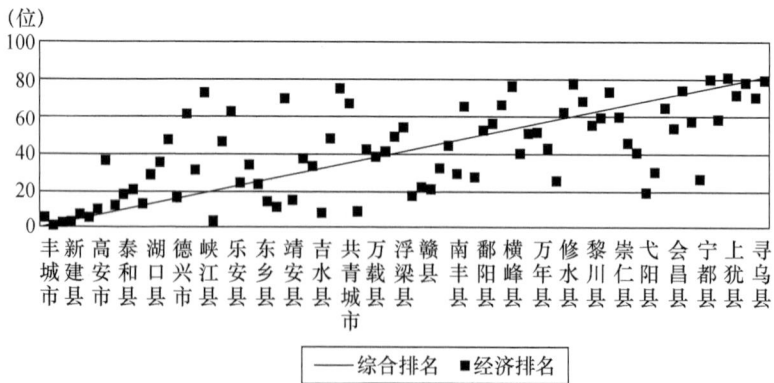

图5-2　江西县域科学发展综合排名与经济排名之间的差异情况

（4）社会公平程度对县域科学发展也有重要作用。方差贡献率次

之的公因子 F2 代表社会公平程度，其贡献率为 15.315%。公因子 F2
大于 0 的县（市）有 32 个，其余均小于 0。其中，在公因子 F2 得分
较高的前十名县（市）有丰城市、上饶县、鄱阳县、遂川县、兴国
县、宁都县、广昌县、万安县、南康市和寻乌县，平均得分为 1.216；
在公因子 F2 得分较低的后十名县（市）有永修县、星子县、贵溪市、
上高县、修水县、浮梁县、安义县、余干县、龙南县和南昌县，平均
得分为 -0.682。说明社会公平程度也存在较为明显的地区差异。

（5）资源保障系统和公共服务供给是县域科学发展的坚实基础。
方差贡献率排名第三和第四的公因子 F3 与 F4 分别表示资源保障系统
和公共服务供给，其方差贡献率分别为 11.042% 和 9.263%。其中，
在公因子 F3 得分较高的前十五名县（市）的县域科学发展综合评价
指数的平均值为 0.258，而公因子 F3 得分较低的后十五名县（市）的
县域科学发展综合评价指数的平均值为 -0.084。同样地，在公因子
F4 公共服务供给上也表现出这种规律，在公因子 F4 得分较高的前十
五名县（市）的县域科学发展综合评价指数的平均值是最后十五名县
（市）的 1.3 倍左右。这也就意味着资源保障系统和公共服务供给能力
较强的县（市），其县域科学发展的综合水平也比较高，资源保障系
统和公共服务供给是县域科学发展的坚强后盾。

第六章　江西县域发展中存在的问题、原因及障碍分析

一、存在的问题

改革开放至今，江西县域得到了长足的发展，但也暴露出一些问题，主要表现如下。

(一) 县域间经济实力存在较大差距

从各县地区生产总值 (GDP) 来看，江西县域整体发展水平不平衡。2012 年江西省 81 个县 (市) 的 GDP 总值为 7711.78 亿元，占全省 GDP 总值的 63.8%；各县 GDP 平均值为 95.2 亿元，高于该平均值的县 (市) 有 27 个，占到总县 (市) 数的 1/3，其余 2/3 的县 (市) 没有达到平均值；GDP 前 20 名县 (市) 的平均值为 181.7 亿元，是后 20 名县 (市) 的平均值的 4.53 倍，第一名南昌县的 GDP 是最后一

名资溪县的 19.4 倍，具体结果如表 6-1 所示。

表 6-1 江西省县域经济实力差距比较

单位：万元

	总值	平均值	前 20% 平均值	后 20% 平均值
地区生产总值	77117761.48	952071.1293	1676818.85	461288.06
财政收入	6921921	85455.81481	160166.35	41119.1

从财政收入来看，2012 年江西省 81 个县（市）超过 10 亿元的有 17 个，其中南昌县超过 35 亿元，丰城市、贵溪市、乐平市超过 20 亿元。前 20 名县市财政收入平均值为 16 亿元，是后 20 名平均值的 3.9 倍。财政收入最多的南昌县达到 35.3 亿元，是最后一名安远县的 12.8 倍。

从反映县域发展差距程度的变异系数的计算结果来看，2005~2012 年县域生产总值、财政收入差距经历了先增大后减小的过程。如表 6-2 所示，江西省县域地区生产总值变异系数从 2005 年的 0.746，到 2007 年达到顶峰为 0.780，到 2012 年降为 0.719；财政收入变异系数从 2005 年的 0.638，增加到 2007 年的 0.703，而后一直在 0.67 上下震荡。

表 6-2 2005~2012 年江西省县域指标变异系数

年份	2005	2006	2007	2008	2009	2010	2011	2012
地区生产总值	0.746	0.763	0.780	0.757	0.731	0.734	—	0.719
财政收入	0.638	0.665	0.703	0.675	0.625	0.679	0.659	0.669

通过以上分析表明，江西省县域间存在较大的差距，且这种差距呈现出先扩大后减小的变化趋势。

（二）城乡社会二元结构矛盾突出

城乡社会二元结构是发展中地区从传统农业经济向现代工业经济过渡过程中不可避免的社会经济结构。其主要表现是城市经济以现代化的大工业生产为主，而农村经济则以典型的小农经济为主；城市的道路、通信、卫生和教育等基础设施发达，而农村的基础设施落后；城市的人均消费水平远远高于农村；相对于城市，农村人口众多等。江西作为中部欠发达的农业大省，城乡社会二元矛盾较为突出。就城乡收入差距而言，江西省县域城乡收入差距突出。如 2012 年瑞昌市农村居民人均纯收入为 5771 元，而城镇居民人均可支配收入为 11711元，后者是前者的两倍多；井冈山市农村居民人均纯收入为 3057 元，城镇居民人均可支配收入为 15401 元，城乡收入比达到 5∶1。从动态的角度来看，如表 6 - 3 所示，江西省城乡收入差距较大，且城乡收入差距表现出随时间震荡扩大的态势。2005 年江西省县域地区城乡收入比为 3.84，到 2009 年，该比例扩大到 4.35。由此可见，江西省县域城乡社会二元矛盾突出，亟待解决。

表 6 - 3   2005 ～ 2009 年江西省县域地区城乡收入比

年份	2005	2006	2007	2008	2009
城乡收入比	3.84	3.52	4.15	4.14	4.35

（三）经济结构不尽合理

江西省县域经济结构特征为第一产业较强，第二产业较弱，第三产业滞后。产业结构低水平重复，升级缓慢，产业综合竞争力不强。

2012 年江西县域经济三产结构为 16.1：54.9：28.9，国内发达地区三次产业比重以长三角为例为 5.1：53.9：41。江西省县域的第一产业比重比长三角地区高出 10 个百分点，而第三产业低于长三角地区 10 多个百分点，表明江西省产业结构存在较大的调整空间。江西县域第一产业增加值占全省比重为 88.89%，县域经济发展仍具有典型的农业经济特征。县域经济大多是典型的农业经济，近年来生态农业与特色农业有较大的发展，但其占农业总产值的比重仍然较小。农业产品加工企业规模小、档次低，农村专业化生产、公司化经营的产业化链条不健全，农产品品牌少，标准化生产程度不高，加工、包装工业落后，市场竞争力不强，产业化程度过低等一系列问题严重影响农业综合效益的提高。第二产业增加值占全省比重为 66.83%，江西多数县域工业的主体以中小企业居多，传统工业比重大，技术水平低，生产工艺落后，产品附加值不高，经济增长呈单一粗放式增长模式，高技术产业增加值占 GDP 的比重低，科技进步在经济增长中贡献的份额小，企业创新能力严重不足，导致全省县域企业发展后劲不足。第三产业增加值占全省比重为 51.29%，江西省县域旅游资源丰富，自然风光和民族文化资源在全国都名列前茅，但是旅游资源开发不足，旅游相关配套产业发展滞后，未能形成品牌优势和地区特色。

（四）县域经济特色不够明显

近年来，江西县域经济取得了显著发展，部分传统优势产业对地方经济贡献有所增长。以景德镇陶瓷业为例，2011 年景德镇陶瓷业产值 160.2 亿元，比上年增长 59.72%，占全市 GDP 的 28.4% 左右，超过与景德镇陶瓷竞争激烈的广东潮州和福建德化，二者 2011 年陶瓷产值分别为 62.1 亿元和 95 亿元。

但是从引进产业而言，由于缺少统筹考虑和差别政策，各县（市、区）引进工业项目结构趋同，主要是初级加工低端产业等中小项目，没能形成特色优势，甚至出现急功近利的倾向，手段单一，互相竞争，低水平重复，利润率不高，财政贡献不大，发展的可持续性差。

对于江西大部分县域地区而言，产业集群对区域的辐射带动效应不强。据有关部门调查，江西现有产业集群存在着诸多问题，表现在集群规模偏小，产业链短，档次低，集群内企业规模小、品牌缺失、粗放经营，多以低成本为基础参与竞争且竞争无序，集群区域内缺乏完善的政策体系和健全的社会化服务体系，尚未形成良性互动格局等。经济发展很大程度上依赖县域特色资源和零散的手工业、批发零售业，产业结构不合理，龙头企业较少，特色工业园区和特色产业聚集区规划不够科学、建设速度较慢、配套不完备，经济带动力和辐射带动作用弱。江西土特产资源丰富，庐山云雾茶、广昌白莲、信丰脐橙、崇仁麻鸡、南丰蜜橘、泰和乌鸡、高安腐竹、丰城冻米糖等传统特色产品不胜枚举，在省内家喻户晓，但由于没有实力企业和现实产业支撑，以致省外市场认同度不高，土特产品牌内涵缺失，难以推动区域特色经济振兴。

虽然改革开放和省直管县体制改革以来，江西省各县级政府的自主权力逐步扩大，较好地调动了地方经济发展的积极性，但地方争相建立缺少特色的市场，地区之间分工淡化和产业结构趋同，经济发展"大而全"、"小而全"的生产体系严重阻碍了生产要素在大范围内合理、有效的流动；企业活动具有明显的短期性和投机性，制约了区域优势的发挥和区域经济的协调发展，使市场向"切块"方向演化，经济受到分割和封锁，阻碍了特色资源的优化配置以及整体经济效益的提高。

二、深层次原因分析

一般而言，县域经济以县城为中心、以乡镇为纽带、以农村为广大腹地，是一种县级行政区划型的区域经济。更深层次地看，县域经济是一个以农村经济为背景、以资源环境为基础、以城乡二元结构为特征、以经济增长为纵向脉络、以三次产业结构演变为横向脉络、相对独立的行政区域性综合经济体系。从上述对县域经济的界定可以看出，县域经济"以农为主"又"五脏俱全"，具有基础性、资源性、复杂性和综合性的基本特征。县域经济的发展面临着许多困难和制约因素，如生产力水平低下，生产方式落后，基础设施差，产业结构层次低，资金、技术和人才严重短缺，等等。但更为严重的是，县域经济发展中存在一系列深层次矛盾及根本性难题。

（一）工业化与农村经济的矛盾

县域经济的核心问题是"三农"问题，而"三农"问题根源于工业化过程中城市经济聚集效应对农村经济的吮吸，以及工业扩张对农村市场的征服。这是工业化过程中的必然产物，也是经济发展的必经阶段。马克思的资本原始积累理论和美国经济学家刘易斯的二元经济结构理论，都揭示了这一经济发展的普遍客观规律。在工业化过程中，县域经济与城市经济相比，无疑是弱势经济，处在一种向城市经济供应廉价资源和被迫接受城市高价工业品的双重挤压地位。县域内的"资本失血"、资金倒流、人才流失和农村青壮年劳动力外流的现象，成为制约县域经济发展的主要因素。如果不能解决好工业化与农村经济发展的矛盾，就有可能陷入美国经济学家纳克斯所说的"贫困恶性循环"之中。

（二）边缘化与山区经济的矛盾

一般而言，县域经济落后的地区大多是处于区位条件较差和基础设施落后的山区。根据陈庆超和田雨林（1984）设立的标准，江西省81个县（市）中有30个县属于山区县，28个县属于半山丘陵县。区域经济发展不平衡规律表明，占有区位优势及交通便利的地区总是率先取得经济发展的优势，而受客观条件限制的山区经济则往往只能步人后尘、举步维艰。而且，在市场经济的"马太效应"、"倒流效应"作用下，资本、劳动力和其他生产要素不可避免地从落后地区向发达地区集中，并且具有固定化和强化地区差距的趋势，导致山区经济不断被边缘化。

从地形上看，江西省的地势北部较平坦，中部丘陵起伏，南部地区多为山地和丘陵。如赣州市、吉安市等所辖县（市）大多处于丘陵地带，由于南部地区交通相对不便，信息传输慢，导致观念落后和资金技术短缺，即使广大山区具有大量的森林、水力资源等，但资源优势难以转化为经济优势，经济增长缓慢，致使南部地区各县（市）经济发展水平较为落后。而中北部地区为冲积平原，地势平坦，交通便利，如南昌市、九江市等所辖县市大多位于平原上，人口和经济活动聚集度较高，因而历来都成为江西经济繁荣地带。而赣南山区县由于交通不便等因素，则被严重边缘化。因此，如何改善区位条件，摆脱边缘化危机，尽快融入发达经济圈和汇入经济发展主流，是山区经济发展必须解决的战略性问题。

（三）市场化与小农经济的矛盾

市场化与工业化是同一问题的两个不同方面，工业化以社会化大生产为基础，必然要求网络化大市场与之相适应。我国经历 30 多年的市场化改革，已经进入社会主义市场经济新阶段。但是，对于绝大多数的县域经济来说，仍然以传统的小生产方式为主。农村的家庭联产承包责任制保持了农民生产经营的主体地位，调动了广大农民的生产积极性。但随着社会主义市场经济体制的建立和逐步完善，其弊端日益显现，在某种程度上已成为市场化的制度性障碍。市场经济与传统生产方式之间不可避免地存在着尖锐的矛盾，突出表现为"小农户"和"大市场"的矛盾，即小生产方式与社会大生产方式的矛盾。这一矛盾在很大程度上已成为县域经济推进工业化及农业产业化的制约，主要表现在：一是小生产方式与农业产业化对资源配置合理性的要求相矛盾；二是与农业产业化对经营规模性的要求相矛盾，分散经营的产品即使是与市场对路的，也会因为规模太小而在市场竞争中处于劣势；三是与农业产业化的开放性、灵敏性的要求相矛盾。如果不解决小生产方式的制度性障碍，推行农业产业化就可能成为"空中楼阁"。如何解决"小农户"和"大市场"的矛盾，是县域经济发展中必须解决的难题。

小农经济的发展观念直接影响着人们的思维方式和价值取向，对县域经济发展有着重要的推动和制约作用，如江西县域经济发展较好与落后地区对市场经济的认识，因县域人文环境发展的差异而表现出不同的态度和行为，县域经济发展快的地区充满进取、务实、勤奋、活力的人文气息，从而在用足、用好、用活政策上敢试、敢用、敢承担风险，进而促使整个县域社会经济环境发生质变；而经济发展落后的县域则普遍缺乏开放观念，轻视市场经济，害怕承受风险，其县域人文状态成为县域经济发展的环境约束。

（四）"瓶颈化"与规模经济的矛盾

市场经济本质上是效益经济，资源总是从低效益流向高效益。世界发展历史证明，在工业化阶段规模决定效益，只有规模经济才能产生高效益。而要达到规模经济，首要的是大规模的投入，包括资金、技术、人才。实际上，在发展中国家及欠发达地区经济发展中，无一例外都存在着发展"瓶颈"问题，即资金、技术和人才的短缺，尤其是资金短缺。作为山区县域经济，经济发展落后不仅必然导致资本积累能力的低下，而且必然导致自身资源的流失，并由此形成恶性循环。从各地现实情况来看，县级财政基本上是"吃饭财政"和"赤字财政"，乡镇一级财政更是基本上处于"破产"状态。同时，目前银行金融信贷体制也不适应县域经济发展，甚至强化了县域资金外流的诱导机制。解决发展资金问题的唯一途径是招商引资和发展民营经济，但往往又因客观条件制约而成效不大。因此，如何化解"瓶颈化"与规模经济的矛盾，如何克服资金、技术、人才等因素对经济发展的制约，步入良性发展轨道，亦是县域经济发展迫切需要解决的战略问题。

（五）特色化与资源经济的矛盾

传统发展战略选择的主要根据是比较优势理论，以发挥地区的比较优势作为基本的战略原则。县域经济最具比较优势的无疑是资源，包括丰富的自然资源、廉价而充足的劳动力资源以及独特的文化历史资源等。不少地方谈到发展县域经济，往往将其等同于开发地方特色资源。毋庸置疑，发展特色化的资源工业是县域经济发展中阻力最小的可行选择，也是短期内最容易见成效的现实选择。然而，从长期发展来看，发展特色化的资源工业不一定是深具战略眼光的明智选择。因为自然资源的开发利用往往以牺牲环境和破坏生态为代价。这类资源工业的发展如果控制不好，很可能污染环境和破坏生态甚至毁掉整个自然及人文历史景观。地处各水系上游的山区乱砍滥伐和发展污染性工业，更是危害到整个流域的生态环境。因此，在构思县域经济发展战略时，必须重视特色化的资源工业与生态经济之间的矛盾，切忌采取简单的发展特色资源经济的思维定式，不仅需要深思熟虑地统筹近期效益与长远发展，更需要有远见卓识的发展新思维。

三、面临的障碍

（一）县域经济改革成效不明显

县域经济改革成效缓慢是由多方面因素造成的：一是发展战略的滞后性与易变性。2001 年以前，江西的发展战略都是围绕农业为发展核心，到 2001 年才转变为"大开放、工业化为核心"的战略。受全省发展战略的影响，江西县域经济的工业化、城镇化相对滞后。许多县对自己的发展定位也十分模糊，有的撤县建市，有的发展卫星城，有的盲目扩大城区面积而一味朝着城市化方向发展，忘掉了自身的比较优势。许多县的发展战略与思路还随着领导人的更换而改变。

二是"责"与"权"不对称，羁绊着县域经济的发展。目前江西省的地方行政体制是省—市—县三级架构，财政体制是省—县（市）

两级架构，这导致市管县行政体制和省直管县财政体制并存，不可避免会产生摩擦和冲突。市级事权仍然覆盖到县，而市级不再集中县级财力且对县级的资金补助配套不变，这种事权和财权的不对称影响行政管理权的行使。同时，县级财权得以扩大，但县级事权没有得到明确的规定。从人事权方面看，工商、质监、国土、药监等部门都上收到省市，实行垂直管理，县乡政府既无权进行人员增减调配，又无权统管和调控其收入，但却要负担这些部门的保障性支出。这不仅影响了县级政府基本职责的完整性，加大了地方政府协调工作的难度，同时更增加了地方财政负担，使县乡财政陷入"什么事都要管，管好又很难"的尴尬境地。由于市级掌握县级的人事权、经济管理权等权限，县级财政的运行在很多方面依然受到市级的制约和影响，市级要求县级干事，但不负责财力上的支持。市、县两级财政平级，容易出现利益上的相互争夺，责任上的相互推诿，影响县域经济改革的成效。

此外，由于长期受传统计划经济体制和粗放型经济增长方式的影响，不少县（市）地方领导注重外延型扩大再生产，忽视更新改造、技术创新等内涵型扩大再生产，十分热衷于铺新摊子，在低层次上搞重复建设，有的甚至把老企业的折旧费也拿来建设新项目。结果不仅造成环境破坏，资源浪费，而且造成投资回报率低，效益低。加上缺乏有效的宏观调控手段来遏制经济粗放型增长的势头，影响了各地的经济增长方式从粗放型向集约型顺利转变，阻碍了地方经济的可持续发展。

（二）资源禀赋不一致

江西县域资源禀赋不一致，由于县域的资源禀赋是比较优势的主要决定因素，而根据要素禀赋理论，县域之间要素投入禀赋的差异和不同产业在生产中对投入要素使用密度的差异形成各县域的比较优势。因此，江西各县域自然资源空间分布不均匀和自然条件的差异是县域间社会经济发展差距形成的主要原因。

江西省的铜储量占全国总储量的 1/5，工业储量占全国储量的 1/3。江西铜矿储量大，埋藏浅，易采易选，开采时能同时回收多种伴生矿产，使一矿变多矿，经济效益十分显著。目前江西已建成亚洲最大的铜矿和全国最大的铜冶炼基地。德兴的斑岩铜矿是全省重要的铜矿，探明储量占全省总储量的 67.7%；伴生的金储量占全省总储量的 98%，银储量占 50% 以上；硫储量占全省总储量的 26.4%。江西省的黑钨储量在全国居第一位，矿床分布以赣南为最多。该类型矿床易采易选，并伴生有锡、钼、铋、铜、铍、铌、钽和稀土等多种矿产。江西省的钽铌主要分布在赣中和赣东南地区。江西省的稀土储量很大，且拥有罕见的花岗岩风化壳离子吸附型矿床，具有易开采、易提取、放射比度低的优点，且品种齐全，特别是重稀土的储量很大，其中钇族稀土探明储量居全国第一位，黑色金属类除铁矿储量可观外，尚有大型锰矿产地，质量优良。江西还发现有特大型银矿、特大型铅锌矿以及中型以上铅锌矿、锑矿等，有色金属矿产资源开发前景十分广阔。江西省的非金属矿产有 70 余种，大中型矿床 20 多处。其中瓷土、熔剂灰岩等量大质优。还有粉石英、硅灰石、膨润土、滑石、花岗石、大理石、珍珠岩等多种矿产，其中赣西粉石英矿面积大、储量丰、埋藏浅，矿体裸露，适宜于露天规模开采。

根据金矿床的分布和成矿特征，江西省可划分出以下四个矿区：①瑞昌—九江—彭泽金矿成矿区；②九岭—高台山金矿成矿区；③赣中金矿成矿区；④崇义—兴国金矿成矿区。从矿产资源分布来看，江西北部地区矿产资源丰富且组合较好，如萍乡煤矿、新余铁矿、德兴铜矿等，为北部地区工业城镇的发展提供了丰富的资源。而南部地区占优势的只有锡、稀土、萤石等。因此，矿产资源的分布格局为北部县市的发展奠定了良好的工业基础，使其经济发展更为迅速。

（三）先天基础薄弱

江西省作为欠发达的农业省，省内大部地区为丘陵地带，直接导致了省内交通不便，不利于与外省沟通；工业化进程一直受阻，尤其在赣南地区难以开展工业化，而农业现代化发展也举步维艰，第一产业多以小农经济为主。江西省县域经济表现出经济基础差，经济规模小，经济结构偏的特点。省内县域间发展差距大，增长速度慢，人均指标低。

县域经济竞争力在全国排名靠后。全国县域经济基本竞争力评价中心自 1999 年起，已进行了 10 届全国县域经济基本竞争力评价，2008 年以前，江西没有一个县市进入全国百强县，2008 年只有南昌县进入，2009 年南昌县、贵溪市进入，2010 年南昌县、丰城市进入，分别列第 86 位、第 99 位。与邻省相比还有较大差距，2010 年全国百强县中，河南省有 8 个；福建省有 7 个；湖南省有 4 个。第 10 届中国中部百强县（市）分布中，河南省有 39 个；湖南省有 15 个；山西省有 15 个；湖北省有 13 个；安徽省有 12 个；江西省有 11 个，江西进入中部百强县（市）的个数排中部 6 省最后。

（四）现有绩效考核体制不完善

江西省大多数县（市）对干部的工作实施了评分考绩、目标管理，这本来是管理科学化的举措，但现有的绩效考核体制存在不完善的地方，会导致矛盾和发展方向与目标的错乱，进而影响地方经济的可持续发展。主要表现在以下几个方面：

1. 绩效目标设定中存在的问题

一般来说，绩效目标的设定要突出重点，具有可行性。当前，虽然我国一些县域党政机构正实行或实行过目标管理，但大多数县域党政机构的绩效目标管理存在以下问题：

（1）绩效目标没有分解，相对比较宏观与笼统，可操作性不强。

（2）绩效目标存在低水平、低层次、低标准徘徊，无法激发和调动下级机构和人员的工作动力和潜力。

（3）绩效目标设定时缺少沟通，往往是上级下达目标，下级被动接受，下级对目标的理解度、认同度非常低。除了开会以外，上级机构和主要领导同单个的下级机构及人员很少进行沟通，即便是在同一党政机构内，许多上级和下级之间也很少就绩效目标的设定问题进行相关讨论。

（4）实现绩效目标的资源配置不尽匹配，部分上级下达目标之后，并没有就每个目标所需的资源进行调查和预判，没有为目标的达成配置必要的资源，从而导致目标设置无效。

2. 绩效考核评价中存在的问题

绩效考核评价是县域党政机构做得最多，取得成绩最好，但问题也最多的绩效管理环节。县域党政机构的绩效管理在考核方面依然存在着许多问题，主要体现在以下方面：

（1）考核制度不健全，缺乏考核归口管理单位。从调研结果来看，县域党政机构的考核主要是通过组织人事部门和主管各专项考核的职能部门下发考核文件进行的，这些考核文件没有固定的模式和格式，内容也各不相同，通过同以前对比，有的文件内容在不同的年度间变化很大。

（2）考核指标体系不健全，量表设计不科学。就调研情况来看，县域党政机构的考核多以执行上级党政部门和组织人事部门的文件为主，很少根据县域党政机构自身的特点进行量身定做或开拓创新。此外，考核量表中指标权重分配不合理，如经济指标所占权重过大；实绩指标、潜力指标和软硬指标搭配不科学；考核指标设置重复或无效设置以及指标间相互矛盾的设置也时有出现。

（3）考核主体不健全，缺乏广泛的、负责任的考核主体。目前，江西县域党政机构的考核主体已经由原来简单的单一考核主体，逐步引入了包括上级、人大、政协、党代表、同级、第三方独立机构、纪检监察、审计和人民群众在内的多元化的考核主体。但是对于考核主体的可靠性和严肃性没有得到保障。进行评价时，评价人不了解被考核对象的具体情况，不明白考核的严肃性，没有在考核主体的选择上进行资格筛选和设置，没有对考核主体进行培训，造成评价人评分不够科学。

（五）县级层面人才资源匮乏

劳动力素质决定着经济效益的高低。江西大部分县域地区劳动力整体文化水平偏低，素质不高，而且多为农业地区，不少农村学校基础设施较差、师资力量薄弱、素质教育水平低等。长期落后的教育造成低文化素质劳动力淤积于传统产业，难以适应其他产业的需要，而高素质的劳动力更希望和愿意留在发展机会多、收入较高的地区工作，如省会是首选地区，其次是铁路沿线工业基础良好、经济发展水平较高的城市，高素质劳动力不愿在县域发展的事实，加剧了江西县域地区人才短缺的情况。因此，江西省县域层面人才资源匮乏，劳动力素质总体上偏低成为制约县域经济发展的深层因素之一。从全省总体情况来看，每万人拥有大专以上文化程度的人数为 686 人，低于全国平均水平 893 人（见表 6 - 4）。除南昌县、新建县、浮梁县和德安县每万人拥有的大专以上教育程度人口数高于全省平均水平外，其余各县均低于全省平均水平。而且，这些拥有大专以上文化程度的人绝大部分分布在教育和卫生岗位担任教师和医务工作者，懂经济、会经营的人才普遍缺乏。这种以低素质劳动力为主的状况阻碍了县域经济的进程，提高劳动者素质，将是江西省县域发展中需要解决的问题。

表6-4　江西省部分县大专以上教育程度人口数

单位：人

地区	大专以上教育程度人口数	每万人拥有的大专以上教育程度人数	地区	大专以上教育程度人口数	每万人拥有的大专以上教育程度人数
全国	119636996	893	全省	3055866	686
南昌县	132186	1323	都昌县	30687	376
新建县	147514	2092	湖口县	18818	644
安义县	15441	551	彭泽县	19995	529
进贤县	20774	253	余江县	12438	328
浮梁县	25111	890	新干县	19257	585
九江县	17200	528	东乡县	18223	400
武宁县	13468	354	余干县	23201	232
永修县	17613	461	鄱阳县	36142	230
德安县	24805	1494	万年县	12683	318
星子县	9121	350			

第七章 江西县域科学发展
模式的探索及机制创新

　　成功的县域发展模式受各种先天和不可复制的因素影响，不可能是统一和简单抄袭的，必须结合当地县域的特色和基础，形成自己的科学发展模式。本章的研究目的是基于前文国内外典型案例和实证研究的基础，以及对江西县域发展的历程与现状特征、问题、深层次原因与面临"瓶颈"的把握，提炼出江西特有的几种类型县域发展模式并举例分析，最后从主体机制、动力机制和保障机制三方面提出保障江西县域科学发展的机制创新思路。

一、江西县域科学发展模式探索

（一）总体模式

　　县域科学发展模式，是指在科学发展观和区域发展理论的指导下，根据各县域增长的驱动力量的变化、主导产业以及资源禀赋情况的差异，因地制宜、因时制宜、全面统筹地探索出适合县域本地实际发展的路径，形成独具特色的发展模式。中共十六届五中全会指出，各地区要根据环境资源承载能力和发展潜力，按照优化开发、重点开发、限制开发和禁止开发的不同要求，明确不同区域的功能定位，并制定相应的政策和评价指标，逐步形成各具特色的区域发展格局。这一论述对各地创新发展模式具有重要的导向作用。各县在选择和确定发展模式上，应从实际出发，根据各地目前所处的发展阶段和资源禀赋，以县域实际为基点，以自主创新为核心，以制度建设为保障，以经验借鉴为启示，着力打造符合本县实际的发展模式。换言之，县域科学发展没有放之四海而皆准的固定模式，也没有一个统一的范式或模式可以供全国不同县域使用，各区域的发展动力来自各自因地制宜的规划和开发。对于欠发达地区的县域发展来说，只能是在其现有优势基础上，利用后发优势和对特色经济的把握，做到经济、生态和民生共重的科学发展模式，以达到县域科学协调均衡发展的目的。

根据江西县域经济发展的现状及问题，借鉴和吸取国内外县域发展的成功经验，本书提出江西县域科学发展的总体模式：以地方县域特色为根本，功能定位错位发展；以经济、生态和民生和谐发展为目标（城乡统筹）；以发展特色产业集群为主线；以"企业主导＋政府引导"为主体机制；以"创新驱动＋项目拉动（招商引资）＋科学绩效考评＋官员问责制"为动力机制；以"人力资源开发与引进＋金融支持＋政策支持＋体制创新"为保障机制，促进人与社会的和谐发展。

（二）基本思路

根据上述总结的县域科学发展总体模式，提出县域经济科学发展的基本思路如下：坚持科学发展观和"五个统筹"（统筹城乡发展、统筹区域发展、统筹经济社会发展、统筹人与自然和谐发展及统筹国内发展和对外开放），坚持以发展为主题，以经济、生态和民生和谐发展为目标，以发展特色产业集群为主线，以科技进步为先导，加快农业产业化、工业知识化、服务业现代化的步伐，发展民营经济与低碳经济，通过项目驱动、品牌带动、园区推动和产业互动的方式，培育特色集群经济，实现城乡统筹发展，推进城乡一体化，加快产城融合，使以农业和农村经济为主体的传统县域经济，向以县域和产城为依托，以三产联动和三产协调发展的新型县域经济转变。县域科学发展需要紧抓以下几个重点。

1. 培育特色经济

县域发展要注重发挥比较优势，依据自身独特的区位、资源、文化或政策禀赋，将潜在的资源优势转化为现实的经济优势。实施重点开发，打造特色产业和名牌产品，通过特色开拓市场空间和效益空间。

2. 优化产业结构

产业是县域经济发展的核心，科学合理的产业结构是做大、做强县域经济的关键。优化和调整产业结构是避免路径依赖的有效手段，县域科学发展应向农业产业化、工业知识化和服务业现代化方向进行产业结构大方向上的调整。

3. 实现三产联动

实现三产联动是指要加强三产之间的互动和联动发展，整个县域经济的发展不能完全靠某一个产业的发展来完全支撑，必须在突出特色的同时，三产互动和配套协调发展。第一、第二、第三产业之间可以相互地延伸和渗透发展，并且相互结合联合发展。①第一产业向第二产业延伸，大力发展农副产品加工业、延长产业链，提高附加值；

②第一产业向第三产业延伸，与农业旅游、农村旅游联手，扩大市场范围，提高优质农副产品的知名度和价格；③第二产业向第一产业延伸，将农业生产资料的生产、设施等向前延伸，开展品牌工厂化优质农副产品生产；④第二产业向第三产业拓展，加工业与商贸业、旅游业联动发展；⑤第三产业向第二产业延伸，把工艺品生产、销售与旅游业、商贸业有机结合起来。

4. 实现城乡统筹发展

积极推进以县域为核心的城镇建设，提升城镇综合服务功能，促进农村人口和乡镇企业向县域和小城镇转移。构建有利于承接产业转移的区域布局，促进产业集聚，完善县域规划和建设水平，增加县域对农村人口的吸纳能力，加速人口的有序集中，促进城乡协调发展，逐步消除城乡二元结构，实现城乡统筹发展。

（三）模式类型

江西省县域科学发展模式是在总体模式的思想指导下，根据不同县域的发展历程与特色，选择各自不同的具体发展模式，本书根据前文对江西省现有县域发展模式的特色及县域科学发展的要求，提出以下几种可供参考的具体模式。

1. 省直管县型模式：共青城、瑞金市、丰城市、鄱阳县、安福县、南城县

省直管县，是指省直辖县级行政单位（省直辖县级行政区），具体指行政事务直接受省、自治区政府直接领导和管辖的县级行政单位，分为省直辖县级市（也称直管市）、省辖县（也称直管县）。省直管县的优点在于该模式反映了在现代信息和交通高度发达的情况下，省政府可以迅速、直接掌握县级基层政权的情况，县级政府可以直接向省

级政府请示报告，省级政府也可以直接向县级政府做出决策指示；取消了地级市这一行政层次，可以大大降低行政成本，提高行政速度和效率，这是现代行政管理扁平化的具体体现。

2014 年 7 月 1 日起，江西省共青城、瑞金市、丰城市、鄱阳县、安福县、南城县 6 个试点县（市），正式入轨运行省直管县体制。省直管县主要是对省政府及其部门下放给设区市政府及其部门的经济社会管理权限，除法律法规规定需采取授权或委托等方式下放的外，试点县（市）均直接享有。对省本级目前保留的 392 个大项 278 个子项行政审批事项，除目录已明确下放给试点县（市）的外，全部由试点县（市）直接报省。对省直部门和设区市下放的经济社会管理权限，试点县（市）因设备条件、技术力量等暂时难以承接的，可向省直部门和设区市提出申请、暂缓实施，待条件成熟后再实施。根据省直管县（市）体制改革试点工作领导小组办公室牵头制定并印发的《赋予试点县（市）经济社会管理权限目录》，该目录包含了 1487 项管理权限，具体包括：国家和省管理权限内的固定资产投资项目审批、核准；民办高中阶段学校审批；财政预、决算，部门决算工作；城乡规划编制、风景名胜区规划编制、城镇基础设施建设；等等。在新的管理体制运行后，试点县（市）将享有更多经济社会管理权限，有关设区市、省直各部门也将进一步划分职责，理顺事权关系，最大限度地减少职责交叉，充分调动县域经济发展的积极性、主动性和创造性。

2. 资源禀赋型模式：德兴市、会昌县、萍乡市、新余市、大余县

资源禀赋型模式，是指主要依赖资源优势和发挥资源优势的县域经济发展模式，既包括工业化初期阶段利用资源、挖掘资源，形成资源优势和竞争优势，又涵括工业化中后期阶段的资源转型的一种县域发展模式。由于不同县域存在差别化的县域情况，即使在同一县域内

处于不同发展阶段也会有不同的资源型模式。不同县域的资源类型不一样，故其发展模式也不一样。但是，资源禀赋型模式总体可归纳为通过对特定资源的有效配置或利用而形成的发展模式，其中，工业化初期的开发资源形成资源优势可归结为资源集约开发型模式，工业化中后期的依托产业优势挖潜非实体资源可称为资源转型模式。

（1）资源集约开发型模式：德兴市、会昌县。资源集约开发型模式主要体现在工业化初期阶段，县域经济发展大多处于资源选择战略阶段，本地实体资源的优劣比较成为县域经济发展的起点，这也是本地实体资源型县域经济发展模式的缘起。一个地区的特色和优势可以有多种，如区域优势，地处交通要道和枢纽，或沿海、沿江；自然资源优势，区内蕴藏有大量矿藏资源，或丰富水能资源；社会资源优势，在长期的社会发展过程中，区内已集聚的智力资源，或成为政治、经济、金融中心；综合型优势，兼具上述多种优势。

目前江西资源集约开发型模式的县域主要依赖自然矿产资源的开发，而且大多数属于粗放式发展。随着资源开发过程逐渐注重技术水平的提升和产业链的配套发展，部分县（市）围绕某些产业形成了资源的开发、加工和销售一体的产业集群发展，如德兴市的黄金产业和会昌县的锡产业等。

2012 年德兴市生产总值达 122.11 亿元，全市三次产业结构为 11.64∶61.72∶26.64。江西德兴市黄金资源储量特别突出，素有"金山"之称，现探明黄金储量达 580 吨，远景储量 750 吨，占全国总量的 9.48%，占全省总量的 80%，是长江以南最大的产金基地。经过 20 年的开发建设，德兴市现已形成黄金等金属采、选、冶"一条龙"的规模产业链。至 2012 年底，开发区吸引了 10 家黄金产业企业，占开发区工业企业总数的 14.3%。开发区具有一定规模的黄金企业 6 家，规模以下企业 4 家。2012 年，黄金产业实现主营业务收入 16.65 亿元，占开发区主营业务收入总额的 20.20%；上缴税金 2.05 亿元，占开发区税金总额的 32%。

（2）资源转型模式：萍乡市、新余市、大余县。资源转型模式主要体现在工业化中后期阶段，县域发展原先所依赖的本地实体资源由于过度开发利用，逐渐变得稀缺，工业化初期赖以发展的资源出现了"瓶颈"，导致资源开发成本进一步提高，原有的产业路径依赖及生态环境治理等问题进一步凸显，对县域发展构成了刚性制约和限制。不过，通过初期的集约发展，县域已经建立了稳健的产业发展基础、产业体系和产业发展网络等，为了突破实体资源的限制，县域应从既有产业优势角度挖掘实体资源之外的资源，着手于资源转型产业的发展和培育，以推进县域经济的可持续发展。

江西省的萍乡市、新余市和大余县等资源枯竭型城市必须走资源转型发展路径，才能保障县域经济发展的稳定性和持续性，这里选择萍乡市作为案例进行介绍。萍乡市是江西省重要的能源基地和最早的省辖市之一，煤炭储量丰富，含煤地层分布广，占全市面积的 40%，矿井遍及全市 3/4 的乡镇。经过百余年的地下大规模开采，萍乡市已进入煤炭资源枯竭期，地下煤炭资源开采日趋困难。为了缓解发展与资源的矛盾，当地政府提出《萍乡市资源枯竭型城市经济转型规划方案》，以推进产业结构战略性转型为突破口，以培育新型支柱产业为目标，着力抓好技术改造和创新，着力拓展延伸产业链，着力发展接续替代产业，着力推进经济由资源导向型向市场导向型转变、粗放型发展方式向集约型发展方式转变。萍乡城市转型的总体思路是：建立健全资源开发补偿和衰退产业援助两种机制；实施好人才科技、项目支撑、品牌三大战略；着力打造好市高新技术工业园、芦溪和莲花工业园、湘东陶瓷产业基地、上栗动漫产业基地、安源新材料产业基地六大工业平台；重点发展冶金、机械制造、电子、医药化工、材料、能源六大接替产业，积极发展以旅游业为重点的现代服务业和农产品加工业。

3. 农业产业型模式：赣县、南丰县、信丰县

农业产业型模式，是指县域发展以农业产业化为特征，以国内外市场需求为导向，以提高经济效益为中心，依托县域的特色农业资源，以农副产品生产基地为基础，对县域农业的支柱产业和优势产品，实行区域化布局、专业化生产、企业化管理、社会化服务，实现供销、农工商一体化经营，促进县域经济结构重组和优化的一种县域经济发展模式。

江西历来是个农业大省，省内绝大多数县基本上还处于工业化初期和农业为主的发展阶段，农业产业化是部分农业大县发展比较优势的一种必然选择。农业产业化发展必须注重专业化生产的特点，推进农业产业化经营的县域根据当地的主导产业或优势产业特征，形成区域专业化，形成专门从事某种产品的"种养＋产供销＋服务网络"为一体的专业化生产模式，做到每个环节的专业化与产业一体化相结合，每一种产品都将原料、初级产品、中间产品制作成为最终产品，以形成品牌商品进入市场，从而实现产业链的整体效率和经济效益。农业产业化还特别要注意一体化经营，要把产前、产中、产后有机地结合起来，实行商品贸易、农产品加工和农业生产一体化经营，实现将小农户和大市场有机结合起来。赣县的脐橙产业、广丰县的烟叶产业都是江西农业产业化的典型代表。

以赣县脐橙产业为例，赣南脐橙被列为全国十一大优势农产品之一，脐橙种植面积居世界第一，年产量居世界第三，是全国最大的脐

橙主产区。脐橙在赣县是农业主导产业之一，并被确定为该县进一步提升农业产业化水平的农业优势产业，脐橙产业已成为赣县农民收入的重要来源产业、农民致富的大产业、果农的生命业和致富业。为了促进脐橙产业进一步农业产业化，赣县提出"四大转变"，即面积型向优质丰产型转变、产中型向产前产后型转变、生产型向营销型转变、产供销割裂型向贸工农一体化转变。具体做法有：①加强脐橙采后处理、贮藏、加工技术研究，实现脐橙产后处理商品化；②实施品牌战略，提高产品竞争力；③积极探索有效的脐橙营销形式，实现脐橙生产经营产业化、服务社会化；④利用赣县离市区近的区位优势，发展生态休闲农庄，把脐橙产业发展与生态休闲旅游结合起来。

4. 旅游资源型模式：婺源县、武宁县、玉山县

旅游资源型模式，是指利用特色生态旅游资源进行发展和经营，使之成为县域的主导产业，并且带动相关产业的发展和就业，促进地方经济社会全面发展的县域模式。该模式中生态旅游资源往往具有很显著的地域特色，如地理特征、资源优势、人文历史渊源和自然风貌等，而且旅游资源要素组合成的旅游产品能提供功能性利益产品或非功能性利益的附加值。

旅游资源型县域发展模式一般以旅游资源经营策略和旅游产业协同机制为系统基础，政府及资本力量直接干预旅游资源经营策略，故不同的县域经济发展阶段伴随着不同的旅游资源经营活动。通常旅游资源发展模式都有一个从初级向高级发展的过程，从单一旅游资源经营阶段、多种旅游资源经营阶段、旅游品牌阶段，直到区域品牌阶段递进发展。不同的县域在经营和发展旅游资源的形式不同，主要因为处于不同的发展阶段，或者发展的侧重点存在差异。旅游资源型模式的最终目标是进入旅游品牌阶段以后，县域以"大旅游"为发展方

向，经济、文化和生态协同发展，注重产业间的相互融合与第三产业的配套关联发展。婺源县、武宁县、玉山县等县（市）均适合发展生态旅游模式。

以婺源县为例，商周时期属扬州之域，春秋时期为吴楚分源之地。婺源县境内的古村落、古建筑堪称一绝，是当今中国古建筑保存最多、最完好的地方之一。这里有国家历史文化名村1个，省级历史文化名村（镇）6个，省级文物保护单位9处，古祠堂、古民居、古桥、古亭更是遍布乡野，历史文化价值极高，并被评为"中国最美乡村"。婺源县政府做出优先发展旅游、培育主导产业的决策，明确婺源县旅游必须加快转型增效，由单一的旅游观光向休闲度假转变，由休闲度假向最佳的人居环境转变，实现梯度发展的目标，集中力量积极探索一条"以旅促农、依农兴旅、旅农结合、共同繁荣"的乡村旅游新路径。其中，婺源县江湾镇就极力建设梨园新区等旅游项目，打造乡村旅游示范性强的省级示范镇。一是建设梨园春梦区，建成既有海南亚龙湾式的休闲度假大酒店，又有丽江、乌镇式的小桥流水、酒吧街、咖啡屋的"徽文化大观园"，使之成为中外游客的梦里家园；二是建设篁岭民俗文化村项目，努力打造一个集文化影视摄影、索道观光、梯田式四季花海的休闲景区，使之成为乡村休闲度假和体验民俗文化的最佳生态景观村落；三是建设聚芳永二期汪口茶产业园项目，将之建成集茶园观光、茶叶制作、茶文化展演、休闲体验于一体的生态农业观光园。

5. 千年文化型模式：景德镇市、樟树市

千年文化型模式，是指利用某些县市千年文化的底蕴和品牌魅力，以原有的古老特色的产业为支柱，发展配套产业体系，培育特色产业集群，推进产业升级，提升传统产业的附加值，将传统和创新相结合，文化与产业相结合，将千年文化的品牌效应转化为当地特色产业的经济效应。当前我国经济和社会发展面临四个方面的转型：一是人们的消费需求由物质需求为主逐步向文化需求为主转型；二是社会赖以发展的资源由有形资源为主向无形资源为主转型；三是由生产型城市向服务型城市转型；四是我国创造的财富由加工产品向具有文化含量的产品转型。故依赖千年传统文化资源，发展县域经济具有很大的潜在市场。千年文化型模式的着力点在于把壮大旅游业作为发展千年文化产业的主要战略，极力完善文化商贸配套工程等文化基础设施的建设。如"千年瓷都"景德镇和"千年药都"樟树市都具备发展千年文化型模式的文化基础。

以景德镇市为例，景德镇市作为瓷都举世闻名，陶瓷文化底蕴深厚。千百年熊熊窑火，使景德镇市留下了丰富的陶瓷历史遗迹、珍贵的陶瓷艺术、精湛的制瓷技艺和瓷味十足的地方风情，构成了独具特色的陶瓷文化。至今全市仍拥有 30 多处陶瓷文化遗址，集古制瓷作坊、窑场、明清典型世俗建筑于一体，将千百年来手工制瓷的全过程重新展现在人们眼前，如坐落在枫树山盘龙岗上的陶瓷历史博览区等。根据统计，2010 年景德镇市陶瓷工业总产值实现 160 亿元，同比增长约 60%。2011 年该市陶瓷工业产值达 192.6 亿元，占全市全部工业产值的 19.3%；有 25 家陶瓷企业工业产值超亿元。2011 年，全国 300 个最具综合价值量地理标志名单公布，景德镇市瓷器排名第六，位居轻工产品类第三名。

6. 国企改革型模式：分宜县、宜丰县

国企改革型模式，是指在某些国有企业较聚集的县（市），通过国有企业改革和改制，处置不良国有资产，引入外资和民资参与，实现企业发展、职工实惠、社会和谐、释放县域活力的目标。通过国有企业的改革，可以实现企业转换产权、职工转换身份为核心的现代企业产权制度改革，采取破产重组、竞价拍卖、整体出售、分块搞活等方式，积极引进民资和外资参与，实施开放式招商改制。一方面，化解企业不良债务和资产，解决企业办社会问题；另一方面，采取公平公正和公示方式引进有经营实力的战略投资者，使原来经营不善的国有企业变为当地主要的税收大户。与此同时，利用原有国有企业既有的技术人员优势，鼓励其创业，发展原有产业的配套产业体系，利用原有国有企业的产业优势及品牌优势，大力承接相关产业转移，使之发展为县域的支柱和特色产业。江西的分宜县和宜丰县等县市均具备发展国企改革型模式的基础。

以分宜县为例，分宜县曾是全省30个重点工业调度县之一，有驻县中央、省、市属企业和县属预算内工业29家。当市场经济大潮席卷而来，由于机制不活、缺少投入、设备老化等原因，这些企业几乎陷入全面亏损的境地，资产负债率最少的也有89%，高的则达500%，县域经济发展缓慢。21世纪初，分宜县在全省率先出台加快国企改革改制的系列措施，以产权改革为核心，以盘活存量资产为突破口，因企制宜、一厂一策，大力招商引资，通过联合兼并、出让破产、改制重组、引入战略投资者等多种形式，嫁接改造、整合转换国有企业，赋予其新生力量。全县启动国企改制的第五年，通过引入战略投资者，先后引进注入企业技改及新建生产线的总资金达30亿元。伴随一系列成功的重组整合，一个个企业重获新生，步入生产稳步发展、效益持续攀升的"快车道"。根据统计，2007年分宜县的县属国有工业企业改制面达到94.3%，县域工业经济构架随之发生了深刻变化，培育出一批重点支柱企业。职工也从中分享到改革发展的成果，有1万多名企业职工在改制中完成身份置换，3860人实现再就业，职工年均收入达到 1.6 万余元，5 年增长了 2 倍多。全县新增财政收入有 80% 来源于改制企业的税收。

7. 承接产业型模式：龙南县、湖口县

承接产业型模式，是指后发地区利用资源优势和环境优势，在政府的引导和积极推动下，以企业自愿为主，充分发挥市场配置资源的基础性作用，积极主动承接沿海发达地区的经济辐射，促进与发达地区生产要素的优化配置，实现优势互补、互利共赢的发展模式。

由于产业转移过程中伴随着大量的资本和技术的转移，以及其他无形生产要素的注入，这种综合效应能为欠发达区域迅速积累起相对稀缺的生产要素，为区域经济的起飞创造条件。承接产业转移还能够产生关联效应，一般承接的产业都是欠发达地区的稀缺产业或重点发展的主导产业，甚至是产业链上的缺失环节。大量承接产业可以对区域的经济发展产生质的飞跃，还能带动当地前向、后向和旁侧产业链的发展，吸纳当地劳动力，能够有效解决人员外出就业等社会问题。承接产业转移还有利于地区结构优化，使原有处于相对较低等级的产业进行升级转型，从而提高区域产业的整体技术水平和集约化程度。不过，承接产业转移的过程中对当地政府的提升和转变提出了巨大的挑战，对地方政府转变为服务型政府，为企业营造良好的投资和创业环境提出了新的要求。如龙南县和湖口县近些年成为了江西省承接产业转移的"桥头堡"。

以龙南县为例，近年龙南县承接珠三角等沿海城市产业转移，工业发展保持着强劲的势头。龙南县根据县域经济结构调整和产业转型升级要求，转变招商思路，围绕高端产业、产业高端，利用与粤商、港商、浙商等建立的良好合作关系，积极加强与沿海地区各大商会、协会的沟通联系，大力开展组团式、产业园式招商，迅速从以前的单个招商向集聚式、产业链式、产业园式招商转变。通过组建产业招商分队，重点承接产业组团式转移和产业链整体转移项目，主攻特钢、稀土、电子信息、食品和铜铝5个产值超百亿元产业，打造有影响力、配套有保障、可持续发展的产业竞争力。至今，龙南县成功引进世界500强企业中国五矿、中国500强企业江苏雨润、大型国有企业广东广晟集团、香港上市公司黛丽斯有限公司、香港全利集团（控股）有限公司、香港华联集团、全国同行业中排名第三的国家级高新技术企业杭州大明荧光材料有限公司、常熟江南荧光材料有限公司等一大批国内外知名企业。目前，龙南县经济技术开发区落户企业250多家，累计引进外资企业171家，实际利用外资金额累计达6.5亿美元；引进省外5000万元以上项目59个，实际利用省外5000万元以上项目资金58.7亿元。

8. 返乡创业型模式：安义县、广丰县

返乡创业型模式，是指当地政府通过鼓励外出创业及务工人员返乡创业，通过返乡人员的资本优势、技术优势和网络优势等，结合当地县域经济发展特色，确定返乡创业政策，引导返乡人员的创业方向，使之成为当地县域经济发展的主导力量和特色产业。通过地缘、亲缘等关系，立足县域已有的资源优势，结合本区域外出人员的主要从事产业，引导"能人回乡，资金回流，企业回家"，地方政府宣传返乡创业政策和加大招商引资力度等方式，为返乡人员搭建返乡创业平台。如安义县铝合金产业和鄱阳县硬质合金产业主要是当地乡民返乡创业而壮大起来的。

以安义县为例，安义县本是山区农业县，改革开放之初安义县人民就大胆闯天下，先后从事纺织器材、化工原料、铝材经营等行业。到了20世纪90年代后期，塑钢产品走势强劲，经过10多年的打拼，掌握了市场经营规律的安义人把经营逐渐集中到塑钢、铝合金等门窗型材的加工和销售上。部分从事塑钢经营的安义人完成了资金原始积累，纷纷利用多年在市场经销过程中掌握的相关产品生产工艺、流程及开拓的市场经验，回乡进行二次创业。通过亲帮亲、邻帮邻等多种模式，使这支队伍迅速壮大起来，现已形成了一支人员超过6万，掌握了全国塑钢、铝合金等门窗型材60%以上的市场。根据历史统计，2006年底安义县个私民营企业注册户数为369户中，返乡创业就有181个，特别是工业园区的160户企业中，本地能人创办的企业达126户，占85.1%，投资规模30亿元，占75%；在民营企业上缴税收中，本县籍企业达3913万元，占49%。目前，安义县建材企业总量达85家，其中90%来自返乡创业，以节能环保铝型材为主导的门窗型材生产线810条，建材年产能将达120万吨，产值200多亿元，位居全国同行业前列。

9. 产业联动型模式：高安市

产业联动型模式，是指通过培育县域内的主导产业，形成产业优势并带动相关产业的发展，促进产业结构的优化和升级，实现产业时序联系和区域产业联动，本书所提的产业联动侧重在第一、第二、第三产业的互动发展，形成综合发展的格局，进而带动县域经济的全面发展。产业联动机制是以发展主导产业为基础，兴办主导产业龙头企业，然后拓展产业链，包括纵向和横向产业链，促进主导产业所处地区经济的发展，最后通过区域产业联动，带动县域的全面发展。其特点是通过产业联动，促使第一、第二、第三产业均衡发展，从而带动县域经济的全面发展，逐渐提高县域内城镇化水平，实现城乡统筹发展。县域经济能否顺利实现质的发展和提升，关键在于产业联动，要求第三产业推动第一、第二产业的升级和发展，而农业产业化，要求科、工、贸、农要一体化，本质也是产业联动。

以高安市为例,在工业方面,高安市围绕建筑陶瓷、货运汽车、机械光电等传统优势产业,加快产业优化升级步伐,引导支持现有企业加大技改投入,优化工艺流程,延长产业链条,增强产业核心竞争力,在过程中非常注重三产联动,互动发展。其中,建筑陶瓷产业要按照"控制性扩量、结构性提升、有序性开发"的发展思路,改造升级现有建陶企业,引进卫浴、节能环保砖项目,提升产业发展水平。货运汽车产业要按照"提升物流层次、壮大贸易规模、延伸生产链条、完善服务体系"的发展思路,加快货运业向现代物流业提升步伐,继续扶持 2~3 家汽运物流公司申报国家4A级物流企业,依托市货运物流的优势,千方百计发展汽运物流总部经济。农业方面,大力推进农业产业化进程,按照"建基地、上加工、建市场、活流通"的思路,抓住抓好龙头企业、基地建设、市场开拓和利益分配四个环节,建设一批高标准农业产业示范园,做优、做强猪牛养殖、无公害蔬菜、花卉苗木、富硒农产品等示范基地。此外,高安市以鄱阳湖生态经济区大城现代服务业先导示范区建设为契机,极力打造大城昌西文化产业园,全力推进第三产业快速发展,启动食博园、陶瓷采购交易中心、运动休闲城等项目建设,同时加快打造大城现代物流园区。三次产业联动发展,共同推动高安县域经济迈上新台阶。

10. 循环经济型模式:贵溪市

循环经济型模式,要求把经济活动按照自然生态系统的模式,组织成一个资源—产品—再生资源的物质反复循环流动的过程,使得整个经济系统以及生产和消费的过程基本上不生产或只生产很少的废弃物。循环经济模式("资源—产品—废弃物—再生资源"的反馈式循环过程)是在尽可能地保护环境的前提下,以尽可能小的资源消耗和环境成本,获得尽可能大的经济效益和社会效益,从而使经济系统与自然生态系统的物质循环过程相互和谐，共生共荣。采用循环经济型模式可以根据当地区位条件和资源条件，以企业为主体，以提高资源能源的利用效率、减少废物排放为主要目的的循环经济方式。如贵溪构建以铜的再生资源循环加工产业、绿色照明产业、建材产业、生态农业等企业循环经济发展体系（小循环）。努力提高资源综合利用、节约能源，以企业之间、产业之间的循环链建设为主要途径，以实现资源在不同企业之间和不同产业之间的最充分利用为主要目的，形成能源（电）—冶金—化工、建材等企业之间的循环产业链（中循环）。以生态设计为主要手段，以结构调整和产业升级为主要途径，建设以二次资源的再利用和再循环为重要组成部分的循环经济机制，建立起以全社会共同参与为主要标志的循环经济社会体制（大循环）。

铜加工业一直是贵溪市经济和社会发展壮大的主导产业，2008 年国际金融危机爆发后，铜价下跌及国家资源政策调整，给当地的财政收入带来直接损失 10 亿元。于是贵溪市提出"巩固发展、发展精深加工"的发展思路，着力发展铜精深加工及高附加值的铜终端应用产品加工业，延长产业链条，提高铜产品技术含量和附加值，同时围绕电子行业、家用电器、电力电气、交通运输和建筑行业五方面延伸产业链。贵溪市促进了粗铜加工向精深加工的转变，且由单一的铜加工向铜加工和铜拆解并重转变，实现了铜原料加工与铜材应用、铜拆解与铜贸易两个协调发展。

二、江西县域科学发展模式的机制创新

要实现江西省县域科学发展模式，必须创新现有的县域发展体制及运行机制，才能真正释放江西省县域活力，才能提升江西县域经济的发展。根据前文的科学发展模式的内容，本节从主体机制、动力机制和保障机制三方面提出一些机制创新思路。

（一）主体机制

县域科学发展模式要创新和完善以"企业主导＋政府引导"的主体机制，而不能由政府代替企业进行经济发展。企业是市场经济的主体，也是科技创新的主体，是县域经济发展的主要动力。发展县域经济需要充分发挥市场配置资源的基础作用，以企业为主体，在更高层次、更大范围内优化配置资源。而政府通过宏观调控解决县域经济发展中的体制性和机制性障碍，是县域经济发展的政策动力。政府通过持续的制度创新和机制创新，优化投资和发展环境，统筹城乡协调发展，增强县域经济的内在活力和潜力。

企业主导是为了更好地发挥市场机制的作用，通过市场主体企业对利益的追求、市场供求的变化，自动调节经济的运行。市场运行机制是市场经济的总体，是经济增长过程中最重要的驱动因素。在县域经济的发展过程中，要以市场为导向，协调县域内资源（包括商品和生产力要素）的供求结构，优化产业结构和企业组织结构，优化产业结构和企业组织结构等。

（二）动力机制

县域科学发展模式必须解决其动力机制问题。县域发展的动力机制，是指在县行政区划范围内推动经济发展的各种动力因素及这些动力因素的运行规律和作用原理。这些动力因素是推动县域经济发展所必需的各种动力相互作用、相互联系而产生的机理，以及维持和改善这种机理的各种经济关系、社会关系、组织制度等所构成的综合系统的总和。明确推动县域经济发展的各种动力因素，合理构建县域科学发展的动力机制，从而为实现城乡统筹，加速县域经济的进一步发展奠定坚实的基础。县域发展应以"创新驱动+项目拉动（招商引资）+科学绩效考评+官员问责制"为动力机制，下面分四个方面提出动力机制的创新。

1. 创新驱动

科技与经济的一体化程度和趋势在区域经济发展中越来越明显，科技创新与进步对县域经济发展的支撑作用越来越突出。中共十八大明确提出"科技创新是提高社会生产力和综合国力的战略支撑"，强调要坚持走中国特色自主创新道路、实施创新驱动发展战略。创新驱动指县域发展过程中要注重实施创新驱动发展战略，从宏观层面，要大力推进区域技术创新体系的建设，培育创新型区域，构建产学研相结合的技术创新体系；从微观层面，理论的创新要求具有高度、广度和深度，管理的创新要重在模式、制度和方法上改变和尝试，机制的创新要在决策、激励和约束上变革。

（1）提高自主创新能力。我国很多产业处于国际产业链的中低端，消耗大、利润低，受制于人。只有拥有强大的自主创新能力，才能在激烈的国际竞争中把握先机、赢得主动。提高自主创新能力，一是要瞄准国际创新趋势、特点进行自主创新，使我国的自主创新站在国际技术发展前沿；二是要将优势资源整合聚集到战略目标上，力求在重点领域、关键技术上取得重大突破；三是进行多种模式的创新，既可以在优势领域进行原始创新，也可以对现有技术进行集成创新，还可以促进引进技术的消化吸收及再创新。

（2）构建以企业为主体、以市场为导向、以产学研相结合的技术创新体系。首先，明确企业的主体地位，让企业成为技术需求选择、技术项目确定的主体，成为技术创新投入和创新成果产业化的主体；其次，高校、研发机构、中介机构以及政府、金融机构等应与企业一起构建分工协作、有机结合的创新链，形成有中国特色的协同创新体系。

（3）加快科技体制机制改革创新。建立科技创新资源合理流动的体制机制，促进创新资源高效配置和综合集成；建立政府作用与市场机制有机结合的体制机制，让市场充分发挥基础性调节作用，政府充分发挥引导、调控、支持等作用；建立科技创新的协同机制，以解决科技资源配置过度行政化、封闭低效、研发和成果转化效率不高等问题；建立科学的创新评价机制，使科研人员的积极性、主动性、创造性充分发挥出来。

2. 项目拉动

项目建设是县域经济发展的载体和支撑，是拉动县域经济快速发展的"牵引器"。县域经济发展可以通过抓大项目、好项目，通过项目建设促进产业的发展和结构的优化。县域经济实施项目拉动战略应该侧重以下几方面的建设。

（1）加快对县域发展具有重大战略带动作用的产业项目建设。加大对项目拉动产业结构调整的力度，加快对县域发展具有重大战略带动作用的产业项目的建设，把项目建设始终作为巩固提升现有支柱产业、培育发展新的战略支撑产业、高新技术产业的重要载体。培育和建设一批符合国家产业政策的项目、符合区域经济产业布局以及具有优化县域经济产业结构的产业集群和产业基地的重大项目；培育和建设一批科技会计师高、环境污染少、有显著经济和社会效益的技术产业化重点建设项目，打造一批知名企业和知名品牌，逐步构建竞争力强、拉动效用大、产业结构升级优化，促进县域经济稳定发展的项目支撑体系。

（2）加快对县域科学发展具有重大战略支撑作用的基础设施项目的建设。以改善基础设施条件、完善城镇服务功能、营造良好的人居环境为目标，紧紧抓住对县域科学发展具有重大战略支撑的基础设施建设项目。以交通、电力、水力、环保为重点，不断提升县域经济发展支撑和承载能力；以集中供水、供电、供气、供热、垃圾处理、污水处理等为重点，不断完善县域的服务功能，提高县域人口吸纳能力；以县域标志性建筑、公园、水域以及绿化、美化、亮化为重点，建设林在城中、水在城中，城在园中、城在景中的宜居城市，不断改善城乡人居环境，提高城市品位，重塑对外开放形象。

（3）加快对县域科学发展具有重大战略引领作用的社会公益项目的建设。特别关注社会和民生，紧紧抓住对科学发展有重大战略引领作用的社会公益建设项目，进一步完善现代国民教育体系、科技和文化创新体系、全民健康和公共医疗卫生体系。要围绕群众行路难、吃水难、上学难、看病难等实际困难，大力推进一批重点科技项目、教育项目、医疗卫生项目、社会福利项目、社会求济项目、社区服务项目以及为农业和农村服务项目等社会公益项目。着力解决和改善城乡居民生产生活条件，提高城乡居民健康保障水平。大力推进一批重点文化产业项目、重点广播电视项目、重点体育健身项目、重点娱乐活动项目，逐步形成设施健全、功能完善、覆盖城乡的文化娱乐体育服务网络，满足城乡居名体育消费需求，提高人民群众生活质量和身体素质。通过公益项目建设，加快城乡发展和一体化建设，增强县域吸纳人口能力和提高人民群众幸福指数，促进社会和谐发展。

3. 科学绩效考评

县域经济进行科学发展必须对发展的主体进行科学的激励和约束。

地方政府在我国的行政体制中具有重要的作用，承担着最具体、最复杂的职能，地方政府行政绩效的高低与县域，甚至地方乃至国家的政治稳定和社会安定息息相关。地方政府由于其本身的特殊性，绩效评估相应地具有自身的一些特点，因此，没有一套放之四海而皆准的绩效评估体系。同时，由于我国绩效评估发展的局限性，地方政府绩效评估在理论、认识、制度、体制、技术和方法上均存在诸多有待解决的问题，以致评估过程流于形式，难以取得实际效果。如何解决地方政府绩效评估中的问题，构建以科学发展为导向的地方政府绩效评估体系，建立科学化、系统化的地方政府绩效评估长效机制是县域科学发展必须解决的问题。

县域经济发展的好坏直接由县级政府行为决定，因此，县级政府在整个政府考核体系中处于十分重要的地位，建立和完善全方位、立体化、综合性的县级政府绩效评估的机制显得尤为重要。

（1）明确县级政府科学绩效考评的基本原则。以科学发展观为指导，以公众本位取向为根本，以效率标准取向和系统评估取向为保证，建立一个有限政府、服务政府、法治政府、效能政府、阳光政府与责任政府，构建科学合理的县级政府绩效评估机制。建立科学绩效考评应坚持科学性、综合性、公正性、长效性、可行性和满意度等原则。

（2）确立县级政府绩效评估的指标体系。在市场经济条件下，县级政府的基本职能可以概括为加快经济发展、加强行政管理、维护社会稳定、发展教育科技卫生文化、提高公众的生产生活质量水平和保护生态环境五项内容。在履行这些职能过程中政府就会产生相应的经济发展绩效、行政管理绩效、社会稳定绩效、社会事业发展绩效、生产生活质量和生态环境绩效等。县域科学发展模式下县级政府绩效评估指标体系设计应包括：县域经济发展指标、城乡民生指标、资源环境可持续发展指标和政务公开指标四个方面。

（3）搭建公众参与、监督和评议的平台。推进绩效评估的核心就是将政府绩效评估与政府改革、政府再造紧密结合起来。其特点就是坚持顾客至上原则和公众是政府绩效评估不可或缺的重要主体，强调以公众为中心，以公众满意为政府绩效的终极标准。因此，绩效评估考核主体结构应从单一型（内部考核）趋向多元型，引入外部评议，建立内外评估双向推动模式，拓宽公众参与评估考核的渠道，为公众参与监督、评议搭建广阔的平台，让公众能及时地反映对政府行为的看法、意见和建议，从而实现多元化的绩效评估考核。

4. 官员问责制

官员问责制，是指对政府及其官员的一切行为和后果都必须而且能够追究责任的制度。其实质是通过各种形式的责任约束，限制和规范政府权力和官员行为，最终达到权为民所用的目的，是现代政府强化和明确责任、改善政府管理的一种有效的制度。

（1）官员问责制的意义。在官员问责制下，不只是贪污受贿的干部才会受处罚，若官员没有领悟权力的真正含义，使得权力没有为民所用、所谋、所系，则其也会因失责而受到责任追究。官员问责制的"有权必有责，权责对等"基本原则很好地彰显了对官员责任心的这一要求。在人事制度中"能上"与"能下"是紧密联系、相辅相成的，"能下"的渠道不畅顺，势必影响"能上"工作的顺利进行。建立健全官员问责制度，通过对领导干部失职失误行为做出硬性的制度约束，疏通"能下"的渠道，让无所作为的官员下台，才能使那些有所作为、大有作为者上台，最终达到"能者上，庸者下"的目的，形成良好的能上能下、"新陈代谢"的用人机制。

在官员问责制理念下，实现用干部、管干部的部门从权力主体向责任主体转变，"谁用的干部谁管理"，干部工作失误、失职，用干部和管干部的部门负有连带责任。这就促使干部主管部门选用干部时必须坚持德才标准，选拔、任用一些靠得住、有本事、能干事、干成事的干部，而且还要加强对干部的日常管理，督促他们掌权为民，从而整肃了吏治，优化了官员队伍。

实施行政问责制，有助于转变政府职能，深化行政体制改革，在理顺政府与企业、市场、社会、公民之间的关系中明确政府及其行政官员应承担的责任，从而提高其依法行政水平，实现政府及其行政官员职能职责的归位、定位和正位，塑造一个守法、守责、守信、守时的当代责任政府。实施行政问责制，可以从源头上对政府及其行政官员的权力、职责进行必要的约束和规定，防止和阻止其滥用、误用公共权力的失职行为。

（2）合理划分权责，明确问责对象和范围。权责不清是实施官员问责制的主要障碍，突破这个"瓶颈"的要义就在于找出应当负责的人并且让其负责。而当前我国政府各部门之间、政党之间、行政机关之间、正副职之间的权责划分不明确，职能重叠。所以，必须进一步加快政治体制改革，一方面，明确机构的职能及其工作人员的职责，并以宪法和法律规定何种官员所负何责；另一方面，问责时必须要分析责任同事件的关联点和因果关系，对于问责事件，应该追究到哪一级的官员，只能看与事件本身有没有直接的关联性和因果性，而不能看事件有多大，后果有多严重。此外，应尽快与国际接轨，在权责对应的原则下，树立责任意识，把问责范围从贪官扩大到庸官，对决策失误的官员也要追究责任，促使官员树立高度的责任意识和危机意识，促进从严治政，依法行政。

（3）逐步建立民主问责制度。真正的问责，既来自制度的硬约束，也来自民众与舆论的软压力，还来自官员自身的道德自觉，以及更为深厚的政治舆论氛围，即来自人大代表、媒体、上级、民众等多个主体的问责。如果仅仅是来自上级的组织安排，这并不是人们期待的真正问责。所以，真正的民主问责制度，在人民代表大会的问责基础上，媒体代民问责，同时还需要保证公民的知情权，因为民众的知情权是向官员问责的前提。

（4）使官员问责制法制化、程序化。如果官员的问责制实现法制化，那么严密详尽的条文约束能够使执法者和犯法者都必须依法行事，而违规违纪、行政不作为的官员也将受到规章制度的制约，能够真正把法规的震慑变成对工作的警戒从而严谨认真地完成工作任务。首先，官员问责制必须法制化，要建立真正的问责制度，并有效地运转，需要建立相应的法律体系。其次，责任追究程序化，正当程序是任何一项健全的制度所必备的要素，是问责制沿着法治的轨道前进、防止陷入"人治"误区的保证。问责程序化涉及问责的全过程，内容繁多，但以下三点更为迫切：①责任的认定程序，有了明确的责任划分，还需要通过一定的程序来认定责任的归属、严重程度等，否则就可能出现"替罪羊"问题而背离问题初衷；②问责的启动程序，也可以称作触发机制，即什么情况可以引起对相关官员的问责；③问责的回应程序，即被问责的官员通过什么样的程序来为自己的行为进行解释。

（三）保障机制

要使县域科学发展模式得以顺利进行，必须完善和创新保障机制问题。下面从四个方面提出保障机制创新，县域科学发展应以"人力资源开发与引进＋金融支持＋政策支持＋体制创新"为保障机制。

1. 人力资源开发与引进

县域经济要实现科学和可持续发展，就离不开高素质人力资源的培养、引进和集聚。县域之间通过贸易、投资或者人才的流动，不仅促进了知识在县域或更大范围内的迅速积累，而且通过新技术的引进提高了落后地区的生产效率。在传统的工业经济向知识经济转变过程中，高素质的人力资源是推进经济、科技和社会发展的主要动力，是保持可持续发展，在未来竞争中取得主动权的前提和基础。县域发展必须建立在人力资源管理与开发的基础之上，从思路、政策和措施等方面进行创新，在人事制度管理、创新创业机制、分配激励机制等方面寻求突破。

县域科学发展模式下应重点培养和建设以下人才队伍：能够适应新形势要求的精干高效的公务员和领导队伍；满足经济发展需要的专业人才，特别是高级专家和富有创新能力的科技人才队伍；通晓国际规则，具有现代企业管理理念的高水平、职业化、复合型的经营管理人才队伍；多样化、有特色、数量充足的乡土人才队伍。

（1）树立新的人力资源观念。县域人力资源开发的关键是要树立新的人力资源观念，要充分认识到人才资源是第一重要资源，人才资本要优先积累和系统开发。在人才引进上要树立人才就是财富，人才就是竞争力，人才就是效益的观念；在人才培训上要值得投入，在人才使用上，树立不拘一格用人才的观念。

（2）建立健全人力资源管理机制。一般来说，县域人力资源的数量和质量现状均与县域未来的科学可持续发展要求存在较大差距。所以，第一，要完善人力资源的配置机制，大力培植经理人市场、人才市场和劳动力市场体系，建立以市场配置为主的人力资源配置模式。第二，在人力资源使用机制上，要营造有利于优秀人才脱颖而出，人尽其才的用人环境，探索建立与现代企业制相适应的，有利于集聚人才、能有效激励职工努力工作的用人机制。第三，在社会保障机制方面，县级政府要统筹安排财政预算，征集企业上缴基金、吸引社会闲散资金和各类投资组织的投资资本，按市场方式运作，成立公益性社会保障基金和风险投资基金，以使县域人力资源开发有强力的保障与后劲。同时，政府监督企业必须上缴各种基金和保险，扩大住房公积金的单位范围，增强人力资源的保障，以减少人力资源的后顾之忧。

（3）构建人力资源开发和培养机制。建立健全公务人员、专业技术人员、企业经营管理人员、农村乡土人才和外出务工人员的学习网络和培训机制，通过开展全方位的系统培训，提高县域人力资源中的人力资本的层次并改善其整体结构。特别要加大对职业教育的投入力度，为县域经济发展过程中培养本地的技术人才，也可适当缓解目前工业园区的"用工荒"问题。加强对科研人员的终身继续教育，不论是科研事业单位还是企业的科研人才，通过定期轮训，使其专业技术知识得以不断更新，新技术的开发应用能力不断提高，不断进行技术创新，开发新产品和改造传统产品，提高各类产品的科技附加值，增强县域经济可持续发展的后劲并为之提供智力支持。

（4）完善高层次人才引进机制。高层次人才紧缺是县域经济发展过程中的"瓶颈"制约原因：一是由于县域难以培养高层次人才；二是高层次人才难以适应一般县域的科研、管理和生活环境。针对县域高新技术产业、支柱产业、重点工程等领域所急需的专业技术人员和经营管理人员，教育、卫生、农业等方面的高级专家，具有特殊才能的人才等，尤其是工业企业或农业产业化发展中所急需的人才，同时完善用人机制，大力引进，并为人才的创业、技术创新提供良好环境。

2. 金融支持

县域经济的持续快速健康发展，离不开地方金融机构的大力支持。然而由于受县域资源的制约和金融系统的制度约束以及社会环境诸多因素的影响，县域经济发展的金融支持投资力度比省城和省辖市弱得多。县域金融业务的萎缩，金融贷款的弱化使县域经济发展失去了强大的资金动力，制约"瓶颈"有待突破。

搞好县域经济金融的关键是提高经济金融的运行质量，其核心是资金的良性流动，寻找最佳投资载体，实现资金使用效率的最大化。做好县域经济的金融支持，为县域经济发展提供强大的资金保障，可以从以下几个方面进行创新。

（1）发展完善证券市场和产权交易市场。大力促进企业股份制改革，积极培育上市公司资源，发展完善证券市场和产权交易市场。将某些重点开发区和工业园区纳入国家中小企业股权转让系统扩容试点。按照"政府引导、政策扶持、统筹规划、优化环境、积极发展"的资本市场发展基本方针，进一步加大宣传、推广、培训力度，按照企业上市扶持政策，尽快制定企业上市规划，实施企业上市梯次推进计划。

（2）提升和完善金融市场。根据国家深化金融体制改革，完善金融组织结构，形成国有银行与地方金融机构互为补充的金融体系框架，积极创造条件引进和发展地方金融机构，推进股权改革，按照政府扶持、企业运作、鼓励各方参与的原则，发展完善面向中小企业的市、县（区）多层次融资担保体系。重点与各商业银行，地方银行和各种证券公司等进行战略合作，为县域经济发展提供金融支持。

（3）发展和完善保险市场。着力加强保险业建设，积极推动保险业在社会保障体系建设中发挥作用。加强农业保险服务体系建设，使农业保险真正成为支农、惠农的有效方式，加快发展出口信用保险，促进全市有实力的优质企业"走出去"发展；加强自然灾害风险管理，利用保险机制预防和分散灾害风险并提供灾后损失补偿，通过引入保险机制参与社会管理，减轻政府的社会管理压力；大力引进保险资金支持县域经济的产业发展和结构升级。

3. 政策支持

县域经济政策是为了追求县域经济效率和社会公平的最大化，促进县域经济的协调发展，实现县域经济的高速增长和资源在空间上的有效配置而制定的各项经济政策的总和。主要包括县域财政政策、金融政策、投资政策、产业政策、就业政策、法律政策等。江西省各县（市）应根据自身的实际情况，科学地制定出各种合理、全面、具体、可操作的扶持和鼓励政策。各项政策之间要相互融合，在操作上不能产生冲突。县域经济政策不能独立或游离于国家宏观政策大系统之外，应与国家宏观政策系统中的其他方面政策相互协调。县域经济政策从制定到实施是一个多阶段连续的过程，在这个过程中要经常对政策进行反馈与评价，不断地修改完善以达到政策制定的目标。

在政策支持上尤其要制定好产业政策和财政支持政策，这两者都是为引导特色产业发展而服务的。在促进地方县域经济发展的同时，地方政府尤其是县级政府要充分发挥自身在县域经济发展中的政策制定主体的作用。加强政策供给力度，选择和保护好地方优势产业，确立当地特色集群产业，并对其通过相应的产业政策予以保护和正确引导，这种需要在中西部县级政府中显得更为迫切。要根据各地的区位和产业状况，对地方经济发展模式和发展水平进行准确定位，避免地方发展定位中的片面重复现象，要突出重点和体现特色，包括区位特色和产业特色等，这对于政府的政策创新和供给能力是严峻的考验和挑战。

为引导特色集群产业的发展，各级政府应加大财政支持力度，深化以加大投入为主的财税体系改革，具体做法如下：①设立专项资金。由受益财政从工业发展专项资金中设立特色产业集群资金，重点支持特色产业集群内基础设施建设、高技术人才引进、重大重点项目扶持、研发创新、中介及交易平台建设等。②加大上级资金倾斜力度。积极争取国家及江西省各类专项资金支持力度，利用发展产业集群政策、促进区域均衡发展政策、振兴革命老区政策及国家在县市投资的国家级重大重点项目建设等机遇，争取各类资金对县域的倾斜力度。③对承担国家级重大专项、重要计划和项目的企业和科研机构给予资金配套，对落户的国家重点实验室、国家工程实验室和江西省的重点实验室、工程（技术）研究中心给予资金支持。对关键技术的攻关项目、对外开放科研实验设施的企业和科研院所以及建立技术转移中心的高校和科研机构给予奖励。

4. 体制创新

县域科学发展模式下的体制创新，重在深化行政体制改革，建设新型服务型政府。江西省深化行政体制改革，目前重点体现在省直管县的改革方面。

（1）积极稳妥地推进省直管县的改革。省直管县试点工作对于县域经济的促进作用实践中已经比较明显，有利于维护基层组织建设和农民的合法权益、可以降低行政成本，是建立扁平化政府的一种必然选择。此外，省直管县是消除城市虚化泛化的重要途径、促进匀质性地区城市合理布局的关键手段、统筹城乡一体化的重要举措。省直管县是通过扩大的财权和事权，从提高经济发展的主动性、积极性；降低管理的成本、提高管理的效率；改进城乡的公共基础设施建设、改变现有的沟通状态；促进各种要素的合理流动、优化产业结构；优化县域空间的组织架构、构建合理的空间布局五个方面来促进县域经济的发展。

深化行政体制改革，积极稳妥地推进省直管县的改革，建设服务型的政府。将市级的部分审批权限下放，省直接统管县级财政。省直管县的要点在于释放县域经济活力，对县级政府下放由市级政府所掌握的经济管理权限。下放的权力主要为两方面：一是除国家法律、法规有明确规定的事项以外，原来由地级市审批或管理的事项改由县自行审批、管理，只报市备案；二是须经市审核，报省审批的事项改由县直接报省审批或审核，仅报市备案。这些权限需要仔细研究，慎重考虑。根据我国其他省份省直管县的改革经验，采取逐步下放，不断深入的方法，稳步推行省直管县改革。同时推进县乡机构改革，加强县乡公务员队伍建设，稳妥地对规模小、布局不合理的县、乡行政区划进行必要的调整。

（2）强化县级政府对县域经济发展的职能转变。正确界定政府职能，使县级政府在经济发展中发挥更加积极的作用。政府在推进市场化和经济发展的过程中，发挥着任何社会组织者无法替代的决定性作用。在这样的背景下，县级政府自然成为县域经济发展的内生变量，对县域经济起着决定性的推动作用。县级政府要通过市场化的改革，从竞争性行业、产业退出来，通过明晰产权，使各种利益主体独立化，获得生产权、经营权、决策权，为其走向市场提供必备的基本条件，使市场主体自主生产、自主经营、自我发展，取得最大的经济效益。县级政府经济管理的重点应放在加快县域经济与市场经济的接轨步伐，创造良好发展环境上来，实现县级政府由直接管理向间接管理的转变。县级政府必须以效率为中心，以促进经济增长为目标，以增加财政、居民、农民收入为目标，同时要注意解决困难企业、弱势群体的困难，从而促进社会公平。政府不能把公众当作统治和管理的对象，而是看作服务的对象，政府的任务就向公众提供高效、优质的公共服务。

1）由万能型政府转向有限责任型政府：建立有限政府。有限政府的实质性内容就是市场的政府，意味着政府的职能必须市场化，不再直接经营竞争性产品和服务的生产和供给，让市场进行生产和供给竞争性的产品和服务；并且在公共产品和服务的生产和供给方面选择多样化机制，政府的精力则主要集中于规则的制定和实施上，建设市场制度，促进市场有序运行，营造一个有利的激励环境。

2）由管理型政府转向服务型政府：建立服务政府。政府最根本的职能是服务。政府作为社会组织的一种，必须为促进社会的发展和进步服务、为社会日益增长的物质和文化需求服务。因而，政府行政不单纯是管理行政，而是为社会和公众提供服务的行政。县级政府不仅要提供教育、医疗、基础设施、环保等方面的公共产品，还要提供各经济主体和群众满意的公共服务，以放松或取消市场准入限制为重点，营造公平竞争的环境；强化服务意识，清理并大幅度减少政府行政性审批；按照建立统一、开放、竞争、有序的国内市场的要求，整顿市场秩序；加快社会保障体制的建立和完善。此外，为提高公共服务的效率，县级政府还要引入竞争机制，允许公共机构和民营机构在提供服务上竞争。政府服务要用市场机制取代官僚机制，对政府工作的评价要用投入和产出标准来衡量。

3）由人治型政府转向法治型政府：建立法治政府。依法治国、依法行政是我国政治体制改革的基本方向，任何人、任何机构包括政府都没有超越法律的权利，都要受到法律的制约，这样才能形成一个稳定的社会环境。市场经济是法治经济。县级政府必须根据地方实际，采取综合措施，保证行政机关能够依法行政。法治政府的特征就在于政府的权力受到法律的制约，法律的权威大于任何个人的权威，以法治保障公民权益，以法治维护社会秩序，以法治促进经济社会发展。

4）由随意型政府转向诚信型政府：建立效能政府。政府要建立透明高效的行政管理体制，提高政策和政务活动和可预见性和连续性；要具备中介应用能力，能充分发挥中介组织的作用；要具有较强的整体能力，政府部门之间要加强横向联系，相互配合，信息共享；要具备较强的治理能力，政府组织要精干、廉洁、高效，公务员要具备较高的素质，政府行为要体现出较高的组织管理水平。有效地限制政府的随意性行为，减少腐败，使政府机构提高效率，官员提高业绩，政府对人们的需求要更为灵敏地做出反应。

5）由封闭型政府转向透明型政府：建立民主政府。政府通过组织的公开、决策的公开、管理的公开、行为的公开，将掌握的个人与公共信息向社会公开，政府机关的所有活动，从立法、执法、提供资讯、社会服务，除必须保密以及涉及个人隐私的以外，都有义务向社会公众公开。

第八章　江西县域科学发展的实现途径与完善措施

一、深化行政体制改革，建设新型服务型政府

行政管理体制改革是中国政治体制改革的一个重要组成部分。江西省从 2005 年开始实行省直管县财政体制改革，到 2009 年，省直管县财政体制改革已覆盖全省所有县（市）。为了进一步激发县域经济，统筹城乡发展，江西省委、省政府继续深化省直管县改革，从财政领域逐步扩展到经济社会管理领域。2014 年 5 月 23 日，江西省委办公厅、省政府办公厅印发了《关于开展省直接管理县（市）体制改革试点工作的意见》，正式启动省直管县体制改革试点工作，明确在共青城市、瑞金市、丰城市、鄱阳县、安福县、南城县 6 个县（市）开展试点。按照"试点先行，稳步推进，分类指导，因地制宜，转变职能，提高效率，统筹城乡，协调推进"的原则，扩大县（市）投资管理权

限，推进县域行政管理体系改革。

（一）部分审批权限的下放

除国家法律、法规明确规定仍由省（自治区）核准的事项外，在经济比较发达的地区，面积处于中小规模的省域，在行政区划不变的情况下，把大量的行政审批权限下放到县级行政单位，以减少管理层次，提高工作效率，降低行政成本，使县级行政单位功能完善，成为真正的一级权力主体。江西省赋予省直管县试点县（市）行使与设区市相同的经济社会管理权限，规划直接上报、计划指标直接单列、统计数据直接报送、证照直接发放、政策直接享有、财政体制执行省直管财政体制。

（二）乡镇政府为派出机构

从服务于强县扩权和省直管县的高度出发，改乡镇政府为县级单位的派出机构，合理确定乡镇行政机构的管理幅度。明确乡镇一级政府在今后改革中的定位，可考虑把乡镇一级政府改为政府的派出机构，财政由县政府掌控和统筹，这样也可防止新的"三农"政策落实出现反弹。

（三）加强县乡公务员队伍建设

深化干部人事制度改革，加强县乡公务员队伍建设，促进干部双向学习交流，选派后备干部到基层部门挂职、任职锻炼。进一步加强基层组织建设，为加快县域经济发展提供强有力的组织保证。

（四）加强对县级党政干部发展县域经济实绩的考察、考核

对符合党政领导干部选拔任用条件、工作业绩突出的县乡干部

要优先提拔重用、提高职级待遇，对没有作为的县乡干部要及时调整。

二、深化管理体系改革，加大政策性支持力度

（一）深化以加大投入为主的财税体系改革

目前要特别强调加大对欠发达地区县域经济的支持力度，不仅包括增加资金和投入税收改革，更重要的是政策方式的转变。

（1）结合行政体制改革，由省对县实行直接财政管理，在财税分配上向县乡倾斜，涵盖县乡税源，激活县域财税增长点。同时，省市要加大对县域的项目和技术支持力度，以项目建设和管理促进县域工业化、城镇化和农业产业化。同时各县域政府要努力改进和完善财政支出管理体制，提高资金利用效率。根据《中共中央关于完善社会主义市场经济体制若干问题的决定》的要求，深化农村税费改革，"完善农村税费改革试点的各项政策，取消农业特产税，加快推进县乡机构和农村义务教育体制等综合配套改革。在完成试点工作的基础上，逐步降低农业税率，切实减轻农民负担"。

（2）加大财税支持力度。调整和完善财政体制，理顺省以下政府间财政分配关系。按照分税分享、向县倾斜的原则，设立县域经济发展专项资金，通过贴息、担保等形式引导和促进县域经济发展。采取多种措施支持县城、乡镇消赤减债。

（3）加快农村义务教育体制改革，建立和完善各级政府责任明

确、财政分级投入、经费稳定增长、管理以县为主的农村义务教育管理体制，中央和省级政府应更多地承担发展农村义务教育的责任，深化农村学校人事和财务等制度改革。

（二）深化以增加信贷为主的金融体系改革

（1）县级金融机构吸收存款（含邮政储蓄），要有一定比例支持当地经济发展。各商业银行要积极组建中小企业信贷部。加快农村信用社管理体制和产权制度改革，把农村信用社办成由农民、农村工商户和各类经济组织入股的社区性地方金融机构，加快建立中小企业信用担保体系，对信用担保公司按规定实行税费减免政策，适度扩大信贷担保倍数。

（2）建立适应县级中小企业特点的信用评级和授信制度。积极推行票据融资，扩大抵押和质押贷款范围，大胆探索有利于县域经济发展的信贷产品创新和金融服务创新。县级政府要支持金融部门积极盘活不良贷款，共同创建金融服务安全区。

（3）支持县级的优势企业、支柱企业和高新技术企业等进行规范的股份制改造，培育上市公司后备资源，力争更多的企业通过国内主板市场、中小企业板市场或境外资本市场上市。

（4）培育由自然人、企业法人或社团法人发起的小额贷款组织。有关部门要抓紧制定管理办法，引导农户发展资金互助组织；规范民间借贷，稳步推进农业政策性保险试点工作，加快发展多种形式、多种渠道的农业保险。通过建立担保基金或担保机构等办法，解决农户和农村中小企业贷款抵押担保难问题，有条件的地方政府可给予适当扶持。

（三）深化以人才支持为主的培养体系改革

深化人才教育培养和使用体制的改革，支持县域发展特色产业、切实解决"三农"问题，需要实行新的运行机制。县域经济的人才支持主要包括人才的教育开发、人才的使用等。

（1）提高人口素质，优化劳动力和人才结构。在巩固和提高义务教育水平的基础上，大力发展普通高中教育、职业技能教育、成人教育、实用性技术培训等多种形式教育，加快建立政府扶助、面向市场、多元办学的培训机制，为加快县域经济社会发展提供大批实用型、创新型人才。

（2）创新人才制度，实行人才"柔性"流动政策，鼓励各类人才到县、乡镇创业。实施职业技能人才和农村实用人才工程，开发人才资源。

（3）实行科技特派员或组织专家技术服务的制度，加强产学研、农科教相结合，完善高校、科研院所与县合作机制，鼓励科研机构、科研人员创办经济实体。

（4）采取相关优惠政策和措施，鼓励党政机关、事业单位人员辞职、分流到县域企业工作和从业民营经济，吸引各类专业技术人才和海外留学人员回县创业，鼓励更多大、中专毕业生服务县域经济。

（5）整合农村各种教育资源，提高农民整体素质，培养造就有文化、懂技术、会经营的新型农民。加强实用技术培训，为优势农产品推进工程提供人才保障和农村富余劳动力转移奠定基础。

三、优化产业结构体系，推动县域特色产业发展

（一）实施工业强县战略，加速县域新型工业化建设

以新型工业化为目标，立足各地优势，发展各具特色的工业产业集群，大力提高工业在县域经济中的比重，使工业成为推动县域经济发展的主导力量。

（1）大力发展县乡工业。以特色经济特别是特色农产品加工和优势资源型工业为重点，围绕中心城市、大型企业集团发展专业化配套工业和劳动密集型工业，积极培育和发展非资源型工业特别是高新技术产业，做大、做强县乡工业。

（2）优先发展农产品加工业。在主要农产品生产基地建立起较为完备的加工体系，培育优势企业和名牌产品，形成"小产品、大产业"的格局。

（3）大力提高产业素质。以先进制造业、资源型产业、农产品加工业和特色优势产业为主攻方向，依托本地发展的基础条件和比较优势，壮大产业规模，提升产业层次。推进县域企业的重组、并购和嫁接改造，扩大和提升县域企业的规模及竞争力。

（4）集中力量建设工业区。抓好工业区建设，形成具有产业特色和一定规模的工业区。充分发挥工业区作为项目引进窗口、项目建设载体的作用，引导各类项目和乡村工业向工业区聚集。

（5）以工业项目为切入点，培育龙头企业。坚持以项目开发促发

展，以项目集聚生产要素，推动资产重组，促进投资增长，带动县域工业发展。把骨干企业培育壮大、中小企业发展和县（市）财源建设结合起来，努力提高县域工业的质量和效益。

（二）加快农业产业化进程并提高农业集约化水平

全面贯彻落实科学发展观，统筹城乡经济社会发展，以发展农村经济为中心，进一步解放和发展农村生产力，促进粮食稳定发展、农民持续增收。

（1）建设一批农产品特色优势产业。用现代工业理念抓农业建设，加大农业结构调整力度，促进现代农业发展，引导优势和特色农产品向优势产区集中，建设一批农产品优势产业带，形成一批在国内外市场具有竞争力的知名品牌农产品。

（2）培育壮大农业产业化龙头企业。壮大、改造、发展、引进多管齐下，形成一批规模大、效益好、组织化程度高、辐射带动力强的龙头企业，并建立密切而稳定的龙头企业与农户之间"利益共享、风险共担"的利益联结机制，带动农户增加收入。

（3）提高农业经营的集约化水平。坚持积极发展农民专业合作组织和社区性集体经济组织，提高农民生产经营的集约化程度。抓好优势和特色产品基地、现代农业科技示范园和现代农业实验区建设，引导大宗农产品生产向优势产区集中，推进优势农产品生产经营的规模化和区域化。

（4）加快农业社会化服务体系建设。大力发展农产品行业协会和农村专业合作经济组织，完善科技、生产资料供应、农产品流通、农业信息等服务。创新农业科技推广机制，建立健全农产品质量安全标准体系和农产品市场准入制度，加快发展有机生态农业，全面提升农产品质量。

（三）加大县域招商引资力度，发展开放型经济

加快发展开放型经济，加大招商引资力度，把扩大开放作为加快县域经济发展的突破口。

（1）大力开展招商引资。依托本地优势，整合项目资源，动员一切社会力量，多渠道、多形式、多层次开展招商引资工作，做到县县有项目，乡乡有项目，有条件的村也有项目。积极吸引外资进入农业领域，投资特色农业资源开发和农产品精深加工。

（2）注重招商引资的渠道和质量。以企业、中介组织为招商主体，推行业主招商、代理招商、联合招商。发挥政府、企业和民间各方面的积极性，拓宽招商引资渠道，积极引进外地资本和企业，特别是民营资本和民营企业。既要积极引进资金，又要注重引进管理、技术、人才等生产要素。

（四）加快县域内现代化流通体系的建设步伐

加快发展县域现代化流通体系的建设，为县域内工业、农业产品和信息、资金等的顺畅流通提供良好的服务。

（1）积极推进县域产品批发市场升级改造，促进入市产品质量等级化、包装规格化。鼓励商贸企业、邮政系统和其他各类投资主体通过新建、兼并、联合、加盟等方式，在农村发展现代流通业。

（2）积极发展农产品、农业生产资料和消费品连锁经营，建立以集中采购、统一配送为核心的新型营销体系，改善农村市场环境。完善粮食流通体制，建立产销区稳定的购销关系。

四、加大区域合作力度，错位和互补良性发展

（一）大力推进县域对外开放

加强省际交流合作，加大在基础设施建设、能源、矿产资源方面的合作力度。对于周边较发达省市，积极主动承接其产业链条，增强区域产业依赖程度。在江西省内，县域水平上避免"山头主义"，"诸侯经济"，实行公平的市场准入原则，积极保护各类市场主体实施更加开放的政策，加强与大中城市的经济联系和合作。在工业发展的同时，充分认识到市场经济改革开放的动力作用，坚持放开，积极放活，在政府主导的一些资源型产业，鼓励私人企业投资建厂，采取投资多元化原则，合理利用、调动私人企业积极性。坚持用好的项目、优势资源招商引资，着力打造良好投资环境。坚持以开放促开发，以开放促发展，坚持"走出去、请进来"，加快发展外向型经济，扩大发展空间，增强发展的能力。加强县域间市场经济联系，扩大县域交流，支持县域合作，发挥县域资源互补优势。

（二）充分发挥中心城区带动作用

增强县域经济与城市经济的联系，努力建设以中心城区为主要市场的县域经济产业，完善粮食、蔬菜等相关产业的配套服务体系，充分发挥市场空间协调水平。同时，加大中心城区对于县域经济的辐射带动作用，完善产业链条，合理分配中心城区经济与县域经济的产业

布局，做好劳动密集型产业适当向县域转移。将某些县域优势产业与中心城区的金融、服务、咨询等现代服务业结合，充分发挥中心城区在信息、技术、管理、人力资本上的优势。努力培育地区增长极，在江西各个地区，培育县域层面的局部增长极，在优先发展极化地区经济的同时，加强落后地区的辐射带动作用。使发达地区的消费市场、原材料供给、农产品生产等产业向较落后县域转移。落后县域发展应当充分依靠极化县域优先发展的有利条件，在产业发展上充分考虑增长极县域的产业优势和产业发展经验，大力实施以县带县的区域协同发展政策。考虑实施各县行政整合，统一县级领导的改革措施，努力实施江西省县域经济协调发展。

（三）完善区域合作的机制

首先，建立各个县域之间经济政策及其变化的政策信息交互机制。使得县域之间经济政策和相关措施尽可能公开，增加经济合作中的可预测性，并且能够最大限度地减少由于相互信息封锁而导致的合作风险。其次，建立县域合作补偿机制。把县域合作建立在省对县、县对县的利益互补的基础上。凡是省或上级组织要求建立的区域合作关系，省或上级组织就应有相关利益补偿的政策供给；凡是县与县建立的合作关系，就应让合作双方本着互惠互利的原则商议利益补偿问题。再次，建立县域经济合作的评价激励机制。为了从根本上打破地区封锁的格局，江西省政府利用政策手段对区域合作给予鼓励和支持，如对县域合作项目的投资给予工具性政策的倾斜，对跨县域的产业给予目标性政策的扶持，对跨县域的企业给予工具性政策的优惠，对跨县域的合作开发给予制度性政策的肯定。同时，对于积极推进县域合作的部门和领导的政绩评价也应通过量化指标予以认可，以鼓励区域合作，保护区域合作，推动区域合作。最后，建立县域经济合作的约束机制。这个机制的构成要件有：县域合作章程中明确的行为准则条款，包括县域合作各方在合作关系中应遵守的规则、在违反县域合作条款后应承担的责任、对违反县域合作规则所造成的经济和其他方面损失应做的经济赔偿规定；建立一种县域合作冲突的协调组织，负责县域合作中的矛盾和冲突的裁定；省政府通过相关的政策和法规对县域合作关系进行规范，对县域合作中的非规范行为做出惩罚性的制度安排。

（四）引导错位发展，避免同质化竞争

从科学发展的角度出发，认真分析各县域的区位优势、资源优势，通过政策导向与行政措施相结合的方式，正确引导各个产业在全省的错位发展，避免引起低水平的同质化竞争。

（1）要抓好规划和引导。要科学制定全省各产业发展规划，统领全省产业发展，形成全省产业发展"一盘棋"；要重点扶持具有规模效应，具有特色经济的产业区的建设，发挥其对全省产业的龙头带动效用；要对各县域发展产业实施差异化定位，消除发展理念趋于雷同化的倾向，从而引导各县域发展产业因地制宜，避免盲目发展，一哄而起。各县域也应合理地确定符合本地实际的现代产业发展方向，避免与其他县域产业同质化竞争，实现错位发展。

（2）要搞好扶持和帮助。要在全面贯彻落实国家有关政策措施的同时，有针对性地出台江西的扶持措施，特别是要针对各种产业分布广的特点，设计出完整、统一的政策框架，整合政策资源，集聚政策要素，尽量减少同质化竞争的现象，使各地产业发展始终处于一种协调、有序的环境。

五、创新县域发展制度，促进城乡协调发展

县域经济在城乡统筹中具有举足轻重的地位和作用，发展县域经济是城乡统筹制度创新的重要载体。发展县域经济可以在财产制度、就业制度和教育体制等方面推动城乡统筹的制度创新，并最终推动我国城乡关系走向和谐互动。

（一）明晰农村土地产权制度

要明晰农村土地产权，以推动城乡居民平等为原则的产权制度创新。土地是我国农民重要的生产资料和生活来源，但我国《土地管理法》明确规定"农民集体所有的土地依法属于村民集体所有，由村集体经济组织或村民委员会经营管理"。这样，农民个体作为农村土地的名义所有者就与其实际控制者之间形成了一种委托代理关系，加上法律对土地所有权与承包使用权界定比较模糊，往往造成农户在土地处置权上的所有者缺位和在土地发包、征用、流转等环节的权利经常受到伤害。一定程度上，农村土地产权及经营管理权利存在的重大缺陷，正是市场条件下导致农民对土地长期投入的激励不足、人地矛盾和城乡矛盾更加激化、"三农"问题久治不愈的制度病因。因此，要突破县域经济发展的困境和障碍，就必须在确保农民享有同城市居民平等的财产权利的法律框架下，改革和完善家庭联产承包责任制、明晰土地产权，从而激发农民利用土地进行创业和投资的动力。在大力促进县域经济发展的目标下，以推动农民土地财产权利的法律保障为切入

点，并逐步扩大到其他经济、社会、政治、文化领域，使农民作为一个阶层逐步获得拥有法律保障的各种公民权利，最终在真正意义上成为与城市居民完全平等的国家公民。

（二） 创新就业体制，推动公平就业

创新就业体制，以推动城乡公平就业和要素自由流动的制度创新。公平自由的就业环境和城乡经济要素的充分流动是完善社会主义市场经济的必然要求。在长期城乡分割和计划安排就业制度下，我国对城乡居民实行有差别的就业环境和条件规定，而且一般禁止二者之间的自由流动；改革开放以来在此基础上逐渐发育的劳动力市场也极不完善，存在着非市场的城乡分层和对农村劳动者广泛的就业歧视。同时，在我国传统城乡分割的户籍制度和现有征地管理制度下，一方面，农民进城务工或者定居仍然存在着不少制约，农民及其资源向城市转移受到阻滞；另一方面，大量的农村土地被征用为城市或工业用地，但生活在其中的农民并未随之转入城市或享受到应有的就业和财产权利，因而出现了农村劳动力和土地资源向城市的单方面流入。正是这种状况使得广大县域特别是欠发达县域出现了资源流失、收入下降、经济凋敝的严重局面。发展县域经济就必然要求进一步打破传统的以户籍管理为标志的歧视性就业制度，建立起公平合理、同失地农民就业相联系的征地补偿制度，尽快形成公平自由、同工同酬的城乡劳动力市场，从而在城乡经济资源的市场化自由流动中实现城乡互补和融合。

（三） 改革教育体制，推动教育资源公平分配

要改革教育体制，以推动城乡教育资源公平分配的制度创新。我国现有教育体系重城市、轻农村，重学历教育、轻职业教育和基础教育，重知识体系的完整性、轻实用性和创新性教育。以农村为主的广大县域是最需要人才和教育的地方，但我国公共教育经费相当大的比例投向城市而不是农村，使得我国城乡人均教育资源占有极其悬殊和极不平等。在农村人才培养方面，县域经济发展要求在提高农村人口基本素质的前提下，教育必须要面向农业和农村发展的实际需要，大力开发农村人力资源，增加农村人力资本存量。这就要求在现有教育体制中加大职业教育的分量，同时建立切实有效的农民工培训制度，为农村社会经济的发展提供必不可少的实用型人才。因此，发展县域经济不仅需要改革我国现有的基础教育以县为主的投入方式，而且对整体教育结构和内容提出了新的人才培养要求。这种投入方式和结构体系及内容的调整改革，实质上就是根据国家经济社会发展需要和教育发展规律，在城市与农村之间重新公平配置教育资源的过程。显然，根据县域经济发展需要对农村义务教育投入体制、教育结构和课程设置等进行改革，必然会全面推动城乡教育资源公平配给的制度创新。

六、实施生态保障措施，加强生态文明建设

（一）强化重要生态功能区的生态环境保护

江河源头区、重要水源涵养区、水土保持的重点预防保护区和重点监督区、江河洪水调蓄区、防风固沙区和重要渔业水域等重要生态功能区，在保持流域、区域生态平衡，减轻自然灾害，确保江西省生态环境安全方面具有重要作用。为此，有必要建立生态功能保护区，

对上述区域的现有植被和自然生态系统应严加保护，通过建立生态功能保护区实施保护措施，防止生态环境的破坏和生态功能的退化。在跨省域和重点流域、重点区域的重要生态功能区，建立国家级生态功能保护区；在跨地（市）和县（市）的重要生态功能区，建立省级和地（市）级生态功能保护区。到 2011 年江西省已建立 201 个自然保护区，占地面积 114 万公顷，这些保护区都分布在各县域之内，是县域经济发展的天然生态屏障，对维系流域水系的生态安全、维持脆弱的生态系统和保护天然物种基因发挥着根本性的作用。对生态功能保护区采取以下保护措施：①停止一切导致生态功能继续退化的活动和其他人为破坏活动；②停止一切产生严重环境污染的工程项目建设；③严格控制人口增长，区内人口已超出承载能力的应采取必要的移民措施；④改变粗放生产经营方式，走生态经济型发展道路，对已经破坏的重要生态系统，要结合生态环境建设措施，认真组织重建与恢复，尽快遏制生态环境恶化趋势。

（二）强化城镇及生态农业县的生态环境保护

在城镇化进程中，要切实保护好各类重要生态用地。第一，各类城镇要确保一定比例的公共绿地和生态用地，深入开展园林城镇创建活动，加强城镇公园、绿化带、片林、草坪的建设与保护，大力推广庭院、墙面、屋顶、桥体的绿化和美化工程。第二，严禁在城区和城镇郊区随意开山填海、开发湿地，禁止随意填占溪、河、渠、塘。继续开展城镇环境综合整治，进一步加快能源结构调整和工业污染源治理，切实加强城镇建设项目和建筑工地的环境管理，积极推进环保模范城镇和环境优美城镇的创建工作。第三，加大生态示范区和生态农业县建设力度。鼓励和支持生态良好地区，在实施可持续发展战略中发挥示范作用，进一步加快县（市）生态示范区和生态农业县建设步伐。在有条件的地区，应努力推动地级和省级生态示范区的建设。第四，应通过加快城镇化进程减轻农业资源环境的压力，结合产业结构调整和城市化发展对江西省地区的生态进行恢复与建设，通过加强对工业企业等污染源的治理和整治工作减少工业"三废"的排放量，提高工业"三废"的处理率来减少点源污染；通过增加农业基础设施建设投资，合理减少农药化肥等农业投入，发展生态农业来减少农业资源的源污染；通过增大农业科技投入来大力提高农业自然资源和农业生态环境的安全性，以保障农业生态系统实现良性健康循环和稳定持续发展。

（三）采用节约型资源战略，促进资源综合开发利用

人均资源少是我国国情的重要特征之一，也是江西省县域发展的重要制约因素。环境污染实质上是资源的浪费，生态破坏实质上是使可再生资源不能增殖和非再生资源的大量浪费。发展江西省县域经济必须采用节约型的资源战略，精心保护资源，努力增殖资源，合理利用资源，实行"自然资源开发利用与保护增殖并重"的方针，杜绝因盲目开发自然资源而造成的县域生态破坏。大力开发节约资源和保护环境的农业技术，重点推广废弃物综合利用技术、相关产业链接技术和可再生能源开发利用技术；组织实施生物质工程，培育生物质产业；发展节地、节水、节肥、节药、节种的节约型农业；加大力度防治农业污染；加大工业为之提供技术、资金、设备支持和管理经验支持的力度，全面提高对农业资源的综合开发利用水平。

（四）构筑农业循环产业体系，实现江西省县域资源持续利用

按照循环经济理念，以经济结构的调整为主线，以资源利用效率

的提高为核心，积极推进"减量、再用、循环"的循环经济模式，建立农业循环产业体系。在资源开采环节，要大力提高资源综合开发和回收利用；在农业资源利用方面，以提升水资源、土地资源和生物资源的利用效率为重点，尤其是对生物质能源和微生物资源进行循环利用方面探索新的发展思路；在资源消耗环节，要大力开展资源综合利用；在农业废弃物处理方面，实行资源化利用，实现种植业生产所积累的生物资源全程化利用、畜禽养殖业低排放与粪便利用的资源化；在农业产业链延伸方面，实行清洁生产，使上一环节的废弃物作为下一环节的资源，增加价值链，拓展农业产业化空间；重点关注农业产业循环链的内生延伸与产业联动，加强农业产业循环链整合思路、途径与模式，拓展农业产业化经营领域；在再生资源环节方面，要大力回收和循环利用各种废旧资源。

积极探索循环农业的发展模式，要根据生态循环再利用、再生产的循环链原理来抓农业生产，发展经济、生态、社会效益统一，良性循环的生态农业，探索和推广农村循环经济的产业发展模式。只有从资源、环境、产业与消费以及综合循环经济的角度，探索以"无害化、低排放、零破坏、高效益、可持续"为原则，统筹规划农业与农村产业、农村生产与生活、农村社区建设与城镇化发展，深入研究江西省县域循环型农业的发展与重点领域，才能合理构建循环型农村经济体系。加快江西省县域生态产业的发展，发展绿色农业，建立全国最重要的绿色食品生产、加工及出口基地；加快江西省县域旅游资源开发，培育成新的支柱产业，以江西省县域循环经济体系的建立，促进县域生态环境的进一步改善，实现江西省县域科学发展。

第九章　江西县域科学发展的案例研究

为了进一步了解江西部分具有代表性县域的具体发展情况及特色创新点，课题组选择了宜春高安市、鹰潭贵溪市、上饶婺源县、广丰县、赣州龙南县、抚州南丰县、萍乡市、新余分宜县、宜春樟树市作为案例研究对象，多次走访了当地相关部门的工作人员，收集了大量当地县域发展情况的第一手资料，为课题的案例研究提供了翔实的基础资料。高安市、贵溪市、婺源县、广丰县、龙南县、南丰县、萍乡市、分宜县、樟树市分别对应的是产业联动型、循环经济型、旅游资源带动型、返乡创业型、产业承接型、农业产业型、资源转型型、国企改革型、传统文化型县域科学发展模式。

一、高安市——产业联动型县域科学发展模式

高安市隶属江西省宜春市，高安建县始于汉高祖六年（公元前201年），最早取名建成。唐朝武德五年，为避太子李建成名讳，改建

成为高安。1993 年撤县设市，下辖 20 个乡镇、2 个街道办事处、1 个风景名胜区管委会，辖区面积 2439.33 平方千米，总人口 100 万人。高安市是全国粮食生产先进县市、全国生猪调出大县、全国无公害蔬菜生产基地、全国汽运大市、中国建筑陶瓷产业基地、中国书法之乡，境内华林山—上游湖风景区被评为国家 AAA 级景区。

（一）模式内涵

2013 年，高安市全年完成生产总值 166.75 亿元，财政总收入达到 25.0 亿元，规模以上工业增加值为 88.88 亿元，三次产业比例结构为 18.2∶51.7∶30.1。虽然高安市经济稳步快速增长，但是产业间的关联性不强，未形成完整产业链，影响高安市经济发展的可持续性。产业间的关联性不强主要体现在两个层次：一是产业间的整体关联性不强，没有形成围绕主导产业建立的大型企业集团为核心，专门化生产部门、辅助性服务部门与地方性服务部门相配套的较强增长极；二是三次产业间的关联性不强，农业作为地区的传统优势产业，并没有向第二产业和第三产业延伸，农产品加工产业发展缓慢，服务业辐射能力也非常有限，没有形成完整的产业链。

为解决上述问题，高安市围绕建筑陶瓷、货运物流、农业等传统优势产业，加快产业优化升级步伐，引导支持现有企业加大技改投入，优化工艺流程，延长产业链条，增强产业核心竞争力，过程中非常注重三产联动，互动发展（见图 9-1）。建筑陶瓷产业要按照"控制性扩量、结构性提升、有序性开发"的发展思路，改造提升现有建陶企业，引进卫浴、节能环保砖项目，提升产业发展水平。汽运物流产业要按照"提升物流层次、壮大贸易规模、延伸生产链条、完善服务体系"的发展思路，加快货运业向现代物流业提升步伐。农业方面，大力推进农业产业化进程，按照"建基地、上加工、建市场、活流通"的思路，抓住、抓好龙头企业、基地建设、市场开拓和利益分配四个环节，建设一批高标准农业产业示范园，做优、做强猪牛养殖、无公害蔬菜、花卉苗木、富硒农产品等示范基地。三次产业联动发展，共同推动高安市县域经济迈上新台阶。

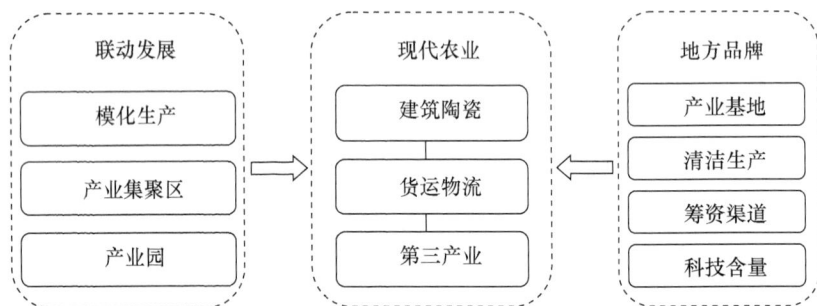

图 9-1　高安市产业联动发展

（二）主要措施与成效

1. 现代建筑陶瓷产业

高安市的现代建筑陶瓷产业起步于 1980 年，20 世纪 90 年代进入鼎盛期。1995 年是高安市建筑陶瓷产业的历史发展高峰，全市共有陶瓷企业 28 家，52 条生产线，资产总额 5 亿多元，产销量达 2300 多平方米，占江西省同类产品的 1/2，全国的 1/8。高安市由此被誉为新兴的"建筑陶瓷城"、"釉面砖王国"。由于建陶行业长期处于低水平扩张，产业发展重点没有及时转移到技术进步和产品升级上，更没有把高安市建陶的市场与全国市场、国际市场结合起来，所以高安市建陶业在走过一段辉煌的历程后，于 90 年代末逐渐跌入低谷，部分起点低、规模小、技术落后的企业先后被迫停产关闭。为了振兴建陶产业，结合国内建陶产业集群发展的形势，2007 年高安市委、市政府决定整合全市建陶产业资源，重点打造江西省建筑陶瓷产业基地。

到目前，高安市有 176 条陶瓷生产线投产（不含腰线），主营业务收入突破 200 亿元，年生产能力达 7.5 亿平方米，其中基地内有 102 条生产线投产（不含腰线），完成固定资产投入 32 亿元，年生产能力达 5.5 亿平方米，2012 年完成税收 2.4 亿元。高安市的江西省建筑陶瓷产业基地能够取得如此骄人的成效主要归功于三点：第一，做大产业集群。高安建陶基地目前共引进陶瓷及配套企业 106 家，陶瓷生产企业 54 家，合同引进资金 208 亿元，拟建生产线 294 条，其中全国知名品牌陶瓷企业新中源陶瓷集团、新明珠陶瓷集团、欧雅陶瓷以及日本的爱和陶等都相继落户。第二，完善产业配套设施。兴建日产 8 万吨沙湖地表水厂 1 座，铺设自来水管网 30 千米；兴建 220 千伏安变电站 2 座，110 千伏安变电站 3 座，设电力杆线 50 千米；2008 年成功争取铁道部和省地方铁路集团的大力支持，投资 13 亿元兴建江西省建筑陶瓷产业基地铁路专用线，一期工程已经竣工并引进京九物流公司开通运营，年到发量 1600 万吨，同时为配合铁路专用线建设，在省商务厅的大力支持下，成功争取到了高安铁路口岸作业区项目，并已开工建设，为海关商检的进驻以及开通铁海联运通道，实现高安市直接报关出口打下了坚实的基础；为实现基地企业清洁生产，省投资燃气有限公司投资 8000 万元，兴建高安市天然气有限公司，专门负责基地企业的天然气供应，目前日供气量近 20 万立方米。第三，打造建陶品牌。高安市陶瓷企业共有品牌 136 件，获中国驰名商标 3 件（江西新明珠建材有限公司的德美牌、江西太阳陶瓷有限公司的太阳牌、江西富利高陶瓷的天伟牌等获得由国家工商总局授予的"中国驰名商标"），获省著名商标 16 件，江西市名牌 4 家，获宜春市知名商标 1 件、获行业知名品牌 15 件、著名品牌 23 件，目前基地正在申报全国知名品牌创建示范区。

2. 汽运物流产业

高安市是全国最大的汽车运输县级市，有着优越的自身优势。目前，全市拥有大吨位货运汽车 8000 多辆，发展汽运公司 120 多家，在全国各地设立货运网点 3000 多个、中转站 50 多个，培育各类民间流通组织 460 多个，从事流通业的经纪人突破 9000 人，组建了高安汽运、瑞州汽运、江龙汽运三大汽运集团。汽车运输业的壮大带动了相关产业的发展。农副产品产销异常活跃，镇里的蔬菜、生猪等农副产品都能够及时便利地流向外面的市场。近年来，高安市依托汽运城，全力推进运输信息配载的网络化，稳定货源基础，广订货源合同，形成了中心突出、网点广布、辐射全国的网络化配载系统，500 多家高安货运信息公司遍布全国主要城市，实现了资源共享，信息互通。

高安市的汽运物流产业发展势头迅猛，这与市政府的准确定位和有力措施密切相关。2010 年 6 月，江西省发改委、省工信委先后批复，同意设立"江西高安货运汽车产业基地"为省级产业基地，结合高安市传统汽车运输业的强大优势又建立了一个融生产、销售、货运、物流、信息为一体的江西高安物流产业集聚区，属于一个功能齐全、产业聚集度高、辐射带动能力强的新兴服务业集聚区。江西高安物流产业集聚区的建成有利于物流业与相关产业进一步联动发展，物流标准化的建设搭建了信息平台，推进运输信息配载的网络化、信息化。此外，政府还采取有力措施，鼓励物流企业做大、做强，支持符合条件的物流企业申报 4A 级、5A 级企业，使物流企业走上规模化、品牌化发展之路，推动高安市汽车运输产业向现代物流产业转型升级。

3. 现代农业

高安市作为农业大市，第一产业发展基础较好，但农业发展缓慢而且产业化水平不高。主要原因有：第一，企业规模小，整体素质差。农产品加工企业大都达不到合理的经济规模，而且底子薄、生产工艺落后、管理粗放的问题比较突出。第二，行业布局散，竞争实力弱。一些主要农产品加工企业重复建设多，产品结构趋同，且小而分散，客观上造成资金、原料和市场的抢占，不能形成团队优势。第三，科技含量低，知名品牌少。农产品加工行业工艺设备陈旧和高素质人才匮乏，农产品的科研投入和科技含量较低直接影响到产品的质量和档次。此外，包装粗糙、流通不畅也影响了外销，同样制约着农产品加工企业效益的提升。

为了推动高安市农业由传统农业向现代农业转型升级，政府以大城·昌西文化产业园为契机，发展现代农业为核心，带动相关的第二、第三产业发展，打造完整的农业产业链，推进地区产业结构的调整。其中，第一产业包括生态农业种植、畜牧以及水产养殖业、特色农产品种植和经济作物种植等；第二产业包括农产品粗加工、农产品深加工等；第三产业是发展农产品物流、农业技术研发、农业技术培训、农产品交易、农业观光体验、农村休闲度假等。此外，为了再创农业大市新优势，提出了"发展现代农业、唱响高安品牌、打造中国食都"的理念，要把高安市打造成为中国"高度安全、富硒有机"食品产业之都。目前，全市已拥有中国名牌农产品 3 个，江西省名牌农产品 11 个，农产品注册商标近 198 个。"大观楼"和"维宝"两件涉农商标获中国驰名商标，"马家井园"豆豉、"高玉"富硒营养保健大米等被评为江西省著名商标。

（三）经验总结

1. 培育优势产业，壮大县域经济

高安市立足现有基础和优势，在产品拓展，产业延伸中进一步培育壮大建筑陶瓷、汽运物流、食品等重点产业，发展适宜自身条件，具有输出性的产业，提高产业集中度和竞争力。根据市场变化和需求，不断增加新品种，扩大产业规模，扩张经济总量。同时加快产业优化升级步伐，引导支持现有企业加大技改投入，优化工艺流程，延长产业链条，增强产业核心竞争力，过程中非常注重三产联动，互动发展。

2. 启动多方力量，拓宽筹资渠道

为了拓宽资金筹集渠道，高安市一方面密切关注上级政策走向和资金投向，围绕重大基础设施建设和重点产业发展，抓好项目包装、储备和申报工作，争取赢得更多资金为地区发展提供最直接的经济支撑。另一方面通过招商引资、盘活国资、启动民资等方式多方聚集资金。以招大引强、集群承接为主线，调动一切因素，挖掘一切潜力，征集重大项目信息，搭建招商信息平台；充分利用国资公司、城投公司等平台，有效整合市直行政事业单位国有资产，变存量资产为有效资本；发掘和培育地区对外部资金的吸引力，引进民间资本投资，推动地区发展。

3. 鼓励企业创新，增强科技含量

高安市以培育科技型企业为"抓手"，不断增强企业自主创新能力和科技成果转化能力，为产业转型升级培育创新主体，催生了一批在国内同行业遥遥领先的科技型企业。目前，高安市拥有高新技术企业3家、科技型民营企业23家。为了进一步加快转型发展步伐，高安市还积极鼓励企业与高等院校开展合作，在引进最新技术的基础上，

努力推动产业结构优化升级。

4. 注重清洁生产，助推"绿色崛起"

高安市坚持可持续发展战略，着眼于节约发展、清洁发展和安全发展，致力于优化结构、提高效益和降低消耗，建设循环经济和资源节约型、环境友好型社会，实现经济效益与社会效益、生态效益的有机统一。因为建陶行业在煤制气过程中将会产生一定的污染，为此高安市在规划建设过程中实行了雨污分离，并着手建设基地污水处理厂，在生产工艺上推广目前最为先进的喷淋除尘技术，减少粉尘和二氧化硫的排放，加大炼排炉的淘汰和窑炉尾气收集工作。

5. 塑造地方品牌，扩大品牌集群效应

政府积极开展宣传和市场开拓工作，加快塑造地方品牌步伐，并落实相关奖励措施，扩大品牌集群效应。建陶产业方面，高安市陶瓷企业共有品牌 136 件，获中国驰名商标 3 件以及获省著名商标 16 件。现代农业方面，根据将高安市打造成为中国"高度安全、富硒有机""食品产业之都"的理念，目前全市已拥有中国名牌农产品 3 个，江西省名牌农产品 11 个。

二、贵溪市——基于循环经济的县域科学发展模式

贵溪市隶属江西省鹰潭市，辖 20 个乡镇、3 个街道办事处、7 个林（垦殖、园艺）场。总面积 2480 平方千米，其中建成区 16.8 平方千米，是国家铜冶炼基地、全国商品粮基地、江西省重点产材基地、长江防护林基地、国家贮备粮基地。贵溪市荣获 2013 年度中国最具区

域带动力中小城市百强县市的殊荣，排名第 79 位。贵溪市以铜兴市，铜产业在贵溪市产业结构中处于"一铜独大"的局面。2013 年，贵溪市生产总值为 314.74 亿元，从产业分布看，三次产业对经济增长的贡献率为 5.4∶73.0∶21.6。三次产业增加值达 205 亿元之多，其中，工业增加值占地区生产总值高于 70%，而工业增加值中铜产业所占比例高达 90% 以上，铜产业产值占工业总产值的比重超过 80%。

（一）模式内涵

1. 循环经济

循环经济的思想萌芽诞生于 20 世纪 60 年代的美国，发端于生态经济。含义是以尽可能小的资源消耗和环境成本，获得尽可能大的经济和社会效益，从而使经济系统与自然生态系统的物质循环过程相互和谐，促进资源永续利用。循环经济把经济活动组成"资源—产品—再生资源"的反馈式流程。循环经济是一种以资源的高效利用和循环利用为核心，以减量化、再利用、资源化为原则，以低消耗、低排放、高效率为基本特征，符合可持续发展理念的经济增长模式，是对大量生产、大量消费、大量废弃的传统增长模式的根本变革。发展循环经济的主要途径，从资源流动的组织层面来看，主要是从企业小循环、区域中循环和社会大循环三个层面来展开；从资源利用的技术层面来看，主要是从资源的高效利用、循环利用和废弃物的无害化处理三条技术路径去实现。

2. 城市矿产

城市矿产，这一概念由日本东北大学的南条道夫教授于 1988 年最早提出，即对废弃资源再生循环利用的形象化比喻，指从经济发展过程中产生和蕴藏于城市各个角落的废旧机电设备、电线电缆、通信工

具、汽车、家电、电子产品、金属和塑料包装物中，提取可循环利用
的钢铁、有色金属、贵金属、塑料、橡胶等资源。

　　城市矿产与开发原生性的自然资源没有关系，它是一个新的资源
理念和资源观，有三层含义：一是开发的对象是城市工业垃圾；二是
强调资源的循环利用；三是规模化和有效益地利用工业废旧品。城市
矿产开发是规模化地回收废旧工业品，采用工业生产方式，针对不同
工业废旧品，分成不同的功能车间来处理，实施高效和现代化的生产，
重视生态环境效益，将帮助工业生产实现资源消耗低增长甚至零增长
水平。城市矿产开发流程如图 9 - 2 所示：

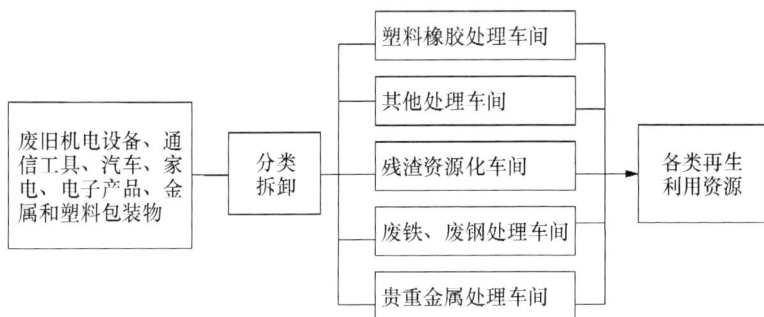

图 9 - 2　城市矿产开发流程

（二）主要措施

1. 贵溪市铜产业循环经济发展模式的总思路

　　按照发展循环经济的要求，根据贵溪市区位条件和资源条件，以
企业为主体，以提高资源能源的利用效率、减少废物排放为主要目的，
努力构建铜及再生铜加工产业、绿色照明产业、建材产业、生态农业
等企业循环经济发展体系（小循环）。努力提高资源综合利用、节约

能源，以企业之间、产业之间的循环链建设为主要途径，以实现资源在不同企业之间和不同产业之间的最充分利用为主要目的，形成能源（电）—冶金—化工、建材等企业之间的循环产业链（中循环）。以生态设计为主要手段，以结构调整和产业升级为主要途径，建设以二次资源的再利用和再循环为重要组成部分的循环经济机制，建立起以全社会共同参与为主要标志的循环经济社会体制（大循环）。

2. 企业内部的小循环模式——铜产业循环经济产业链

贵溪市目前有两大核心产业园区，分别是贵溪市铜产业省级循环化改造示范园区和再生铜国家级城市矿产示范基地，一个园区发展铜产业"动脉产业"，一个园区发展再生铜回收拆解加工，为铜产业"静脉产业"，二者互为依托，互相补充，动静结合。贵溪市工业园作为循环化改造示范基地，在不改变园区现有铜产业大体格局的前提下，利用驻市铜企技术优势，延长铜产业的产业链，通过向板、带、线等高精铜材加工方向发展，寻求与鹰潭高新区及余江铜产业的差异化之路，增强整体竞争力。根据园区现有产业链生态位的缺失情况，合理引进补链企业，积极组链，打造生态链条完整的铜产业链：通过虚实结合的方式引入五金机械、铜板彩印包装、金属礼品加工、静脉循环、物流等占有纵向生态位的行业；通过对灯具、建材、化工（主要为稀贵金属提炼）等行业的强化，构筑横向间的产业共生系统；在纵横之间完成铜产业生态链的构建。

围绕建设以铜冶炼及精深加工产业基地为目标的"世界铜都"，整合全省铜矿资源，提高铜矿自给率与再生铜利用量，扩大以江西铜业集团公司为龙头的电解铜生产企业的经营规模和品牌优势，保证对铜加工材生产的优质电解铜的供应。基于此，递次延伸铜原料→铜产品→铜消费逐级传导的产品价值，进一步向下游延伸铜产业链，打造矿产资源（铜精矿）→冶炼产品（电解铜）→各类铜加工材产品→下游应用领域→终端用户的产业群，实现以江西铜业集团铜材有限公司、红旗集团江西铜业有限公司、江西坤宏科技发展有限公司、江西兴成新材料股份有限公司等企业为引领，保证产业链延伸的合理布局与协调发展。以电力电工行业、电子信息行业、建筑水暖行业、家用电器行业、交通运输行业中应用前景好，符合国家产业政策支持的产品为主导，通过加大招商引资力度，加速下游消费行业向鹰潭铜产业基地的集聚，最终形成以特种电缆与变压器产品为主的电力电工产业链、以印刷电路板与封装材料为主的电子信息产业链、以铜及铜合金管件与智能阀门为主的建筑水暖产业链、以蒸发器与冷凝器为主的空调制冷（家用电器）产业链、以冷凝管与微特电机为主的交通运输产品产业链（见图9-3）。

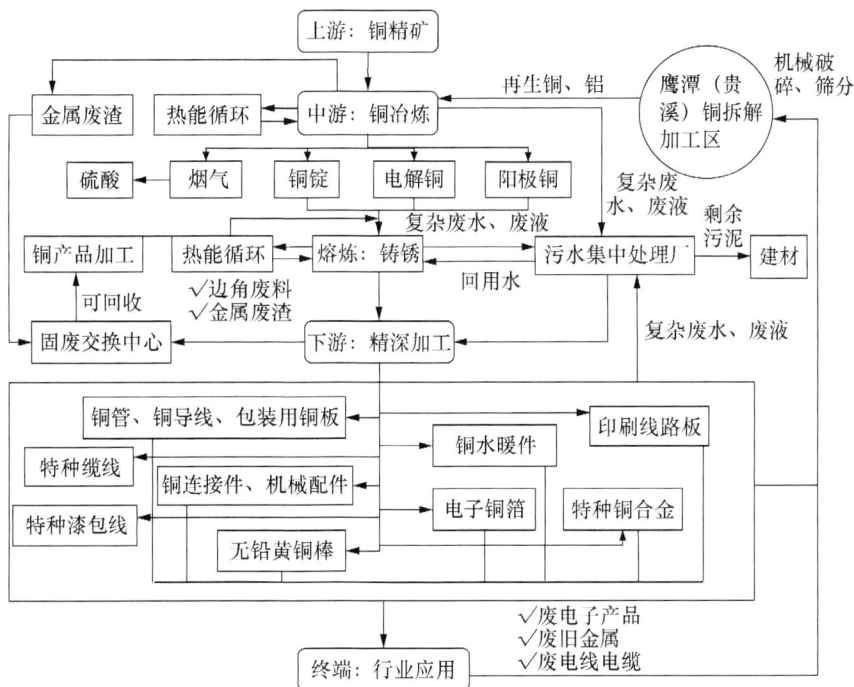

图9-3 贵溪市铜产业循环改造构建产业链示意

3. 园区企业之间的中等循环模式——铜产业为主的产业集群循环发展

贵溪市工业园区正启动补链战略，按照"横向共生、纵向耦合"的原则对园内企业按照循环经济的理念和生态工业的要求进行调整、增减，以此加强上下游企业、不同行业间的相互依存关系，推动生态产业链的发展。

（1）积极促进配套产业发展，推动形成共生产业集群。围绕铜产业副产品和废弃物，发展相关产业实现全面综合利用。为消耗铜冶炼、精深加工、硫磷产品生产所产生的废弃物，贵溪市政府应推动本地建材产业的发展。推进江铜集团矿石开采、冶炼企业、火电厂及在建中的污水处理厂相合作，重点消化冶金工业产生的矿渣和电力工业排放的粉煤灰；运用建材行业自身的余热收集系统向电厂输出热量用于发电；使用处理后的中水用于各类生产设备的清洗，并将清洗后的水通过再处理后输送至电厂蒸气发电，而污水处理厂的沉淀塘泥则运用于建材企业。利用贵溪矿石开采、冶炼及化工基础，以高附加值建材产品为主导是建材产业项目引进的重点，对水泥企业进行增产扩建；并重点引入新型墙材、防水材料和空心砖制作、建筑用纸面草板等能大量吸纳工农业废渣的企业。与工业园外的化工产业及铜拆解加工业合作，引入建材包装物生产企业和陶瓷洁具生产企业等。以江铜为依托的工业产业链结构，如图9-4所示。

（2）不断延伸和拓展产业方向，增加铜产业的柔性。围绕铜及再生铜产品精深加工、节能照明、硫磷化工等优势支柱产业，按照源头减量、过程循环、纵向延伸、横向耦合、系统复合的循环经济发展思路，立足基础优势，突出区域特色，优化资源配置和经济发展方式，加强上下游企业间的链接，推进产业间的协作和区域内的系统整合，努力打造循环经济产业链，实现项目间、企业间、产业间首尾相连、环环相扣、物料闭路循环。

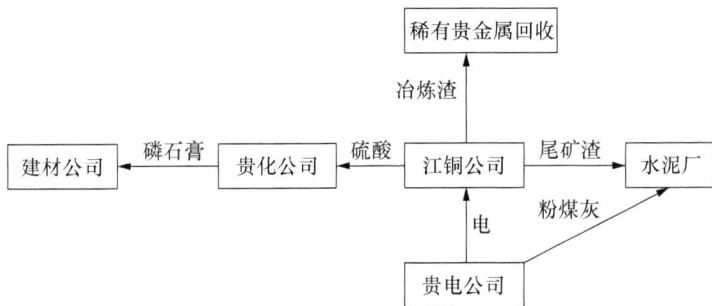

图9-4　以江铜为依托的工业产业链结构图

依托核心企业进行产业间耦合链接，加强企业之间、行业之间、园区之间、产业之间的耦合链接，进一步强化产业间耦合链接，推动循环经济模式由企业内部、园区内部、产业内部向企业之间、产业之间、园区之间、区域之间的广度、深度发展，形成多元化的循环型产业链，全面提高循环经济发展水平。

4. 三次产业协同的大循环模式——循环经济示范城市

构建铜产业发展大循环模式。把铜产业的发展纳入国民经济大循环中，调整经济结构，促进产业升级，完善立法，运用源头控制节能降耗，在铜产业消耗其他产业废弃物的同时也发展可消耗铜产业废弃物的产业，使第一、第二、第三产业之间联系更加广泛，生态产业网络更加复杂和稳定，最终形成循环型社会的经济发展模式。

科学规划，绿色发展。铜产业循环基地90%以上占用的都是寸草不生的荒山、丘陵，并实现了全封闭式"圈区管理"，以绿化带与周边区域隔开，形成独立的生态系统，从根本上解决金属再生资源造成的环境污染问题。为减少和避免废气、污水、废弃物对环境的影响，鹰潭市依据当地主导风向、地势等因素，严格遵守废弃机电产品集中拆解利用加工处置区环境保护技术规范，合理划分生活服务区以及一类、二类、三类工业区，避免了对生活服务区和贵溪城区的污染；同时，建设了一座日处理能力达4000吨的污水处理厂，并制定了定点加工厂房建设标准，要求入园企业按规范标准建设具有防雨、防风、防渗漏功能的专用储存场地和危险废物临时堆放场所。

完善回收网络，促进社会回收体系构建。贵溪市按照政府推动、政策支持、市场运作、企业管理、社会服务的原则，在充分规范、整合、利用现有再生资源回收渠道的基础上，结合城乡建设规划和土地利用总体规划，初步构建了现代再生资源回收体系，建立了回收企业和个人的从业资格培训体系。同时，加强了以社区建立的回收站为载体，以整合现有网络资源为基础，通过整合、改造、调整、补充等方式，逐步形成了符合行业发展规划，布局合理、网络健全、设施适用、服务功能齐全、管理科学的再生资源回收体系，形成了再生资源回收网络化格局。回收网络的完善，有效地推动了废旧有色金属回收工作规范化、连锁化、产业化，形成了科学、合理、高效的再生资源回收利用产业链，提高了再生资源回收产业竞争力，促进了再生资源回收产业健康有序发展。

大力发展生态农业，促进服务业等第三产业的发展。贵溪市针对农业发展情况，形成"南岭北果"布局，进行沼气改造，用工业理念发展农业，用现代物质条件装备农业，大力发展农业废弃物综合利用技术、相关产业链接技术和可再生能源开发利用技术，充分考虑农业自然资源承载能力，推进农业结构优化调整。基于生物界食物链的循环原理，促进农产品产业链的循环，将农业自然资源的循环利用与高品质安全农产品的生产紧密相连，实现贵溪市农业经济、社会和生态三种效益并举的良性循环。同时加大政策扶持和重点商贸项目及物流业发展，大力发展商贸、物流、旅游、金融和文化产业等现代服务业发展，培育经济发展新领域。

（三）经验总结

1. 动静结合，闭路循环

循环经济从资源利用种类的角度分析，是由"动脉产业"和"静脉产业"组成的一个完整的物质流体系。贵溪市铜产业在不断发展壮大过程中，逐步形成了当前"铜动脉产业"与"再生铜静脉产业"并存的局面。二者围绕的中心均为江铜贵溪冶炼厂，"动脉产业区"以贵溪市工业园为主，相互之间也形成了密切的配合、依存关系，这样使得整个铜产业链从"自然矿产资源"出发，最终回到"城市矿产资源"，完成了形式上的闭路循环，将铜元素的综合利用效率发挥到最大，充分体现铜产业循环经济的特点，组织成一个反馈式的循环模式。

2. 产业集群，柔性效应

以铜产业为主，以再生铜产业为辅，结合节能照明产业、硫磷化工产业、建材产业配套，贵溪市已经基本实现了上述几大产业的集聚。尤其是铜产品下游深加工产品选择性较大，深加工企业数量较多，对市场风险的抵抗性明显加强。各产业之间通过上下游关系关联，实现了产品和副产品的交换利用，通过产业配套使得各产业协同发展，共同进步。

3. 技术引领，节能环保

产业的发展，企业的壮大，城市工业体系的逐步完备，资源能源利用效率的提高，均离不开科学技术作为第一生产力，这也是实现铜产业绿色发展、低碳发展、循环发展的关键所在。江西铜业集团是国内生产规模最大、技术装备最好、管理最先进的现代化铜冶炼企业，贵溪冶炼厂是我国第一家采用世界先进的富氧闪速熔炼技术和两转两吸制酸技术的现代化炼铜工厂，具有设备大型化、技术密集性强、能源消耗低、环境保护好、自动化程度高等特点，闪速炉作业率、转炉炉龄、总硫利用率等主要技术经济指标均达到世界先进水平，有效地减少了污染物的排放，提高了能量利用效率。

4. 配套完备，多方融资

贵溪市铜产业循环经济发展模式的形成和壮大，还与政府配套的产业政策、配套的辅助产业体系密切相关，其中极为重要的是物流产业和金融服务业。物流产业方面，目前全市全年货物吞吐量达 800 万吨，拥有江铜物流有限公司、贵溪一路发运输有限公司、贵溪星宇运输有限公司等一大批规模以上物流企业。金融方面，政府一方面对推广循环经济、进行环保型技术改造的企业给予低息或贴息技术改造融资；另一方面对于一些因技术改造使该区域获得社会的、生态的外部正效应的同时，生产成本却因此而增加的企业，政府可予以资金补偿、金融支持或政策倾斜以示鼓励。同时，在投融资政策方面，按照国家有关政策和深化投融资体制改革的要求，创造条件，积极申报国家技术改造专项、高技术产业示范项目专项、节能减排和循环经济专项、重大科技开发专项等，争取国家专项资金支持。

三、婺源县——基于旅游资源带动型的县域科学发展模式

婺源县位于江西省东北部（赣、浙、皖三省交界处），自公元前

221 年到新中国成立前属安徽省管辖，今是上饶市下辖县之一，现辖 10 个镇、6 个乡。婺源也是全国唯一一个以行政地名命名的著名国家级旅游景区，境内旅游资源丰富，素有"书乡"、"茶乡"之称，是全国著名的文化与生态旅游县，被外界誉为"中国最美乡村"。2013 年，随着江湾景区被国家旅游局评为国家 5A 级旅游景区，婺源全县拥有 5A 级旅游景区 1 家、4A 级旅游景区 7 家，是全国 4A 级旅游景区最多的县域。2013 年，婺源县全年完成生产总值 73.0 亿元，三次产业比例结构为 13.5∶37.7∶48.8。第三产业发展水平远高于江西省其他市（县），主要是旅游业带动起来的相关服务业发展。

（一）模式内涵

婺源县旅游经济发展之路不仅取得了丰硕成果，同时还形成了以旅富民、以旅兴县的基于旅游资源带动型的县域科学发展模式。婺源将旅游业作为县域主导产业，通过加强旅游业、农业、服务业和工业等其他相关产业的联动，积极培育婺源县生态经济综合体建成经济生态高效、环境生态优良、社会生态文明，自然生态与人类文明高度和谐统一的现代化乡村生态旅游目的地。

将旅游作为产业发展的核心，充分发挥旅游对关联产业的辐射带动作用，优化产业布局，增强产业互动，推动第一、第二、第三产业融合发展，形成共赢发展态势。包括四个层面：一是依托丰富的生态农业资源，积极推动旅游与农业的融合发展，培育集生态农业观光、农事体验、乡村度假休闲为一体的休闲农业游，建成集吃、住、游、购、娱为一体的新型农家乐，重点支持发展以茶叶、荷包红鲤鱼、山茶油、香榧等特色农产品为原料的旅游商品加工业；二是依托省级旅游商品产业基地，推进旅游与工业的融合发展，着力培育以加工流程和技艺为展示等的工业观光旅游，推进白酒、砚台、纸伞、三雕等加工产品向旅游商品转变；三是依托厚重的文化资源，发展会议会展、体育赛事、写生创作、动漫创意、教育培训、文艺演出等现代文化产业；四是依托日益改善的交通区位和庞大的人流，发展相关信息、物流、商贸、金融、咨询、法律服务等现代服务产业（见图9-5）。

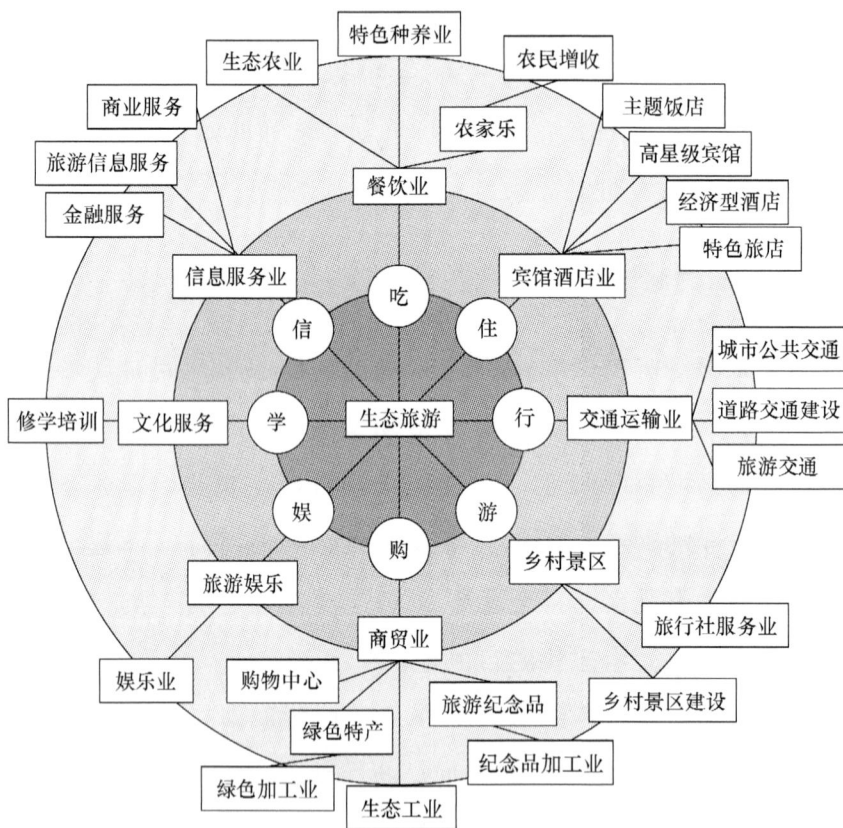

图9-5 婺源县旅游产业联动发展模式内涵

（二）主要措施与成效

1. 主要措施

（1）实现旅游产品多样化。婺源县以建设国家乡村旅游度假实验区为契机，开发了以观光游览为基础，休闲度假为重点，文化体验、康体养生、会议节赛为辅助的旅游产品体系。包括打造高尔夫、温泉、马场等高端旅游休闲产品；充分利用地方特色文化，打造一批精品文化体验型旅游产品以及绘画写生、影视创作、摄影摄像等类型景观村落；打造绿色康体养生产品；大力发展会议会展游，打造多元会展节赛产品。

（2）提高综合服务水平。首先，进一步完善功能配套。围绕食、宿、行、游、购、娱旅游六要素，重点加快旅游道路、景区停车场、游客服务中心、旅游安全以及资源环境保护等旅游配套功能建设。其次，进一步优化消费环境。全面深入实施旅游标准化服务，建立全面的旅游质量管理体系，综合运用现代管理手段和方法，通过全过程的优质服务提高游客满意度；着力加强旅游企业诚信体系创建和涉旅从业人员的培训，切实提升导游服务质量，建立导服人员数据库，积极探索旅游地导制，进一步健全和完善投诉、申诉处理制度和信息发布制度，严厉打击侵害游客权益行为。

（3）做好宣传推广工作。婺源县旅游经过十余年的发展，"最美乡村"口碑已经有了较高的知名度，但品牌建设仍是工作的重点。从高度上看，婺源县每年投入近2000万元资金，借助中央电视台、《人民日报》、凤凰卫视等境内外高端媒体以及网络进行立体推广，提升了"中国最美乡村"品牌影响力。从广度上看，经常性主动"走出去"，到国内外大城市和主要客源地进行宣传推介，同时，积极开展旅游区域合作，特别是加强同周边主要景区（如三清山、黄山、景德镇）的横向合作，让景区点连成线，让广大游客更好地欣赏到不同特色的景点。

（4）重视生态保护工作。婺源县在发展乡村旅游的过程中，特别注重对生态资源的保护建设，重点实施了四大工程：一是绿化美化工程，通过造林绿化、封山育林、"十年禁伐阔叶林"等绿化工程，优化全县生态大环境；二是水体保护工程，严厉打击炸鱼、毒鱼、电鱼和化肥、渔药养鱼，切实保护水体生态；三是环境保护工程，关闭"五小企业"近200家，对分布在主要公路沿线、景区景点的4000多座坟墓进行了搬迁或绿化；四是城乡清洁工程，县财政每年安排200万元卫生专项经费用于农村生活垃圾处理，逐步建立农村生活垃圾处理长效机制，努力实现农村生活垃圾无害化处理。

2. 主要成效

婺源县通过10多年的旅游业发展，确实带来了很大的经济效益和社会效益，具体体现在以下四个方面：

（1）推进了县域经济快速发展。从GDP来看，2012年，全县完成生产总值63.5亿元，其中，以乡村旅游为龙头的第三产业实现增加值29.98亿元，占全县GDP比重47.2%。从产业拉动来看，乡村旅游不仅直接促进了第三产业的发展，也对第一、第二产业产生了间接影响，形成了"一业兴而百业旺"的效应。

（2）带动了广大群众增收致富。一是在乡村旅游业的带动下，婺源县以宾招服务业为主的第三产业快速发展壮大，为农民提供了大量的就业岗位，全县各类旅游从业人员8余万人；二是通过发展农家乐实现增收，全县共有农家乐3320余户，平均户经营净收入达到6万余元；三是通过旅游商品生产、加工、经营实现增收，全县从事特色旅游商品生产的企业有80余家。

（3）促进了城乡面貌明显变化。一是所有通景区公路都实现了路面硬化，乡村公路实现"村村通"；二是城乡旅游基础设施更加完善，目前已打造出近百个生态环境优美、传统风格独特、产业特色明显的生态景观村镇；三是城区建设步伐加快，品位提升，把县城打造成全县乡村旅游的集散中心和"山水文化旅游名城"。

（4）提升了乡村社会文明新风。乡村旅游传播了城市文明，开阔了村民们的视野，为婺源的淳朴民风注入了新的内涵，并探索出一条使农村道德建设直接融入发展乡村旅游经济的新路子。多年来，全县无重大治安案件、无群体越级上访、无群体性事件、无重大刑事案件、无边界重大纠纷的"五无"村达85%以上，先后被评为全国村民自治模范县和全国首届平安建设先进县。

（三）经验总结

婺源县旅游凭借独特的资源优势、人文优势和不断凸显的区位优势，经过十多年的发展，走出了一条独具特色的"婺源之路"旅游发展模式。总结发展经验如下：

1. 依托优势进行科学定位，确立了"依村兴旅，走文化与生态相结合的乡村旅游"发展战略

婺源县以2001年江泽民视察婺源县为契机，提出了优先发展旅游产业，建设"中国最美乡村"的发展战略，把发展乡村旅游作为经济工作的中心来抓。同时，创新"依村兴旅"的理念，确定了打造"最美乡村、梦里老家"的定位，坚持走文化与生态相结合的乡村旅游这一特色化发展之路，通过差异化发展，与周边旅游区形成良性互补关系，联合而成名山、名水、名镇、名村的旅游发展新格局。

2. 注重开发建设机制创新，形成了婺源乡村旅游"三步走"的发展路径

第一步是放手民营，放开发展。针对政府缺乏财力开发建设的现状，确立了坚持扶持民营的方针，出台了一系列鼓励社会资本参与乡村旅游发展的政策措施。第二步是组建集团，规范发展。从 2007 年开始，按照"一个集团、一张门票、一大品牌"的思路，整合全县景点景区资源，组建婺源旅游股份有限公司，促进了婺源县乡村旅游多方共赢、和谐发展。第三步是整体提升，全面发展。2011 年县政府换届以来，按照建设精细化、项目生态化、服务标准化、管理规范化、产业专业化的"五化"要求，促进旅游产业转型升级，加快推进旅游产业实现第三次跨越。

3. 发挥旅游对关联产业的辐射带动作用，推动第一、第二、第三产业融合发展

将旅游作为产业发展的核心，充分发挥旅游对关联产业的辐射带动作用，优化产业布局，增强第一、第二、第三产业互动，形成共赢发展态势。依托丰富的生态农业资源，积极推动旅游与农业的融合发展，建成集吃、住、游、购、娱为一体的新型农家乐；依托省级旅游商品产业基地，积极推进旅游与工业的融合发展，着力培育以加工流程、技艺展示等工业观光旅游，推进加工产品向旅游商品转变；依托厚重的文化资源，发展会议会展、体育赛事、写生创作、动漫创意、教育培训、文艺演出等现代文化产业；依托日益改善的交通区位和庞大的人流，发展相关信息、物流、商贸、金融、咨询、法律服务等现代服务产业。

4. 坚持以品牌经营提升形象，扩大了婺源县乡村旅游的知名度与影响力

婺源县旅游发展始终坚持以规划指导开发，以保护永续发展，以目的地整体营造为目标，高起点、高规格、高水平打造品牌质量，同时，依托优良生态，深挖地方文化，紧抓乡村旅游，逐步形成了独特的"中国最美乡村"品牌特色，在此基础上，大力开发国外市场，强化品牌营销和形象推广，逐渐引起媒体关注和跟踪，被社会广泛接受

和认可，并得到国外游客发现和认知，是一个极具学术研究价值、值得全国广泛推广的发展模式。

5. 注重发展的参与性与收益的分享性，从而驱动目的地内部持续运营

在婺源县旅游经济发展的各个阶段，"政府主导、放手民营"一直是主线和准则，在政策规范引导下，政府、企业、居民各利益主体共同参与发展建设、共同分担发展风险、共同分享发展收益，推动目的地产品质量提高和品牌形象提升。这一发展模式不仅带来了旅游经济的"大丰收"，还对地区财税收入、就业拉动、产业联动等方面做出了巨大贡献，不仅实现了经济效益，还缩小了城乡差距，促进了生态文明，推动了文化繁荣，是对科学、和谐、可持续发展观的集中体现。

6. 推进资源整体优化建设，增强了婺源县乡村旅游资源的内在优势

文化与生态的珠联璧合是婺源县乡村旅游赖以生存和发展的根本。在发展乡村旅游的过程中，把全县整体作为一个大公园、大景区来规划和建设，特别注重对生态与文化资源的保护建设，重点实施了绿化美化、文化挖掘、环境保护、城乡清洁四大工程。通过一系列举措，使全县的山更青，水更绿，环境更优美。

四、广丰县——基于返乡创业型县域科学发展模式

广丰县隶属江西省上饶市，全县现辖 3 个街道、16 个镇、4 个乡。20 年前，广丰县是"国定贫困县"，一群不甘于贫穷落后的人们，戴

着斗笠，带着致富梦想勇敢地闯了出去。10年前，广丰县建起江西第一个工业园区、树起五大支柱产业，一批外出打工者，带着创业梦回到了家乡。5年前，广丰县财政总收入超过10亿元、经济社会发展多项指标居江西前列，成为名副其实的"江西经济强县"。2013年，全县实现生产总值240.0亿元，按可比价格计算，增长9.7%。其中，第一产业增加值193607万元，增长3.4%；第二产业增加值1374815万元，增长11.6%；第三产业增加值831588万元，增长8.5%。三次产业结构由上年同期的8.8∶54.2∶37调整为8.1∶57.3∶34.6。广丰县已由昔日的贫困县迅速进位为"全国最具投资潜力中小城市百强县"。这主要是靠一批批善抓商机、勇闯市场、敢冒风险、吃苦耐劳的广丰人带着资金、技术、经验等，回到家乡开启创业之路。

（一）模式内涵

1. 模式定义

所谓返乡创业型模式，是指当地政府通过鼓励外出创业及务工人员返乡创业，通过返乡人员的资本优势、技术优势和网络优势等，结合当地县域经济发展特色，确定返乡创业政策，引导返乡人员的创业方向，使之成为当地县域经济发展的主导力量和特色产业。通过地缘、亲缘等关系，立足县域已有的资源优势，结合本区域外出人员的主要从事产业，引导"能人回乡，资金回流，企业回家"，地方政府宣传返乡创业政策和加大招商引资力度等方式，为返乡人员搭建返乡创业平台。

2. 发展现状

广丰县是全国劳务输出基地县，早在20世纪60年代，就有部分乡镇陆续有劳动力外出从事劳务。改革开放以后，随着思想的解放，劳务输出蔚然成风，近30万劳务输出大军走南闯北，足迹遍及全国每一个省、市，涌现出一批百万富翁、千万富翁，其中已有不少人把县外学到的技术、挣到的资金，带回家乡创办企业。据统计，到2012年广丰县已有1500多位在外成功人士回乡创业，共创办企业超过250家；涌现出100多个专业村，从业人员达2万多，年增收突破3亿元大关。广丰县每年回乡创业的资金都达到5亿元以上，创业者中资产过亿元的有30多人，5000万元以上的有80余人，百万资产以上的1万多人，在广丰县，每45个人中就有一个是老板。而在广丰县工业园区入园企业中，有118家是由广丰县外出能人回乡创办的，占入园企业总数70%以上。

（二）主要措施

1. 扶持措施

为更好地激发返乡农民工的创业热情，广丰县及时出台了《引导和鼓励返乡农民创业工作意见》，要求广丰县各有关部门要放宽准入条件，建立返乡政策扶持和服务体系，要结合本县优势产业和特色经济的实际，认真指导和帮助返乡创业农民工选准创业项目，积极引导和支持返乡农民工进入本地劳动密集型、资源综合利用型、农副产品加工型、现代服务型产业或行业就业。

在园区建设方面，广丰县采取了县乡联动、市场运作、多元投入、滚动开发的运作方式，实行了异地办厂、原地纳税的优惠政策，并鼓励企业向园区集中，生产要素向园区集中。在城镇建设方面，广丰县在全省率先把土地使用权公开招标拍卖，走出了一条规划先行、房改起步、地改聚财、多元投资、滚动发展、高效管理的城建路子，被国家有关部门肯定为经济欠发达地区加快城镇建设的广丰模式。在创业环境方面，推动全民创业，关键是要优化创业环境，提供创业服务，创新创业机制。县里成立了经济发展服务中心，各乡镇（街道办）均设立了便民服务中心，推行服务承诺制，实行一站式、一条龙服务。

此外，广丰县还出台和提供了一系列配套的优惠政策和创业服务：放宽准入条件，清理、取消不利于农民工返乡创业的规定；落实创业用地，通过租赁、承包等合法方式利用闲置土地、闲置厂房、镇村边角地、农村撤并的中小学校舍、荒山、荒滩等场地为农民工提供创业场地；支持从事生产经营活动，有关部门为创业农民工提供法律、法规、政策等方面的咨询服务，优先办理证照；在工业园区建立返乡农民工创业基地，以低价出租，享受园区的优惠政策；降低返乡农民工创业成本，整合各职能部门为创业者提供创业信息服务，强化创业指导，对下岗职工和返乡农民工进行职业技能培训，对生活困难的下岗职工、返乡农民工，实行免费培训和免除职业技能鉴定费用，为下岗职工和返乡农民工创业就业提供服务平台。

2. 产业平台建设

地方经济发展的品质和速度与驱动力产业密不可分。近年来，广丰县把推动自主创新与改造提升传统产业、培育战略性新兴产业有机结合，着力构建现代产业体系，培育具有竞争优势的产业集群，全面提升产业核心竞争力。"1+5"特色品牌发展战略明确发展方向，要全力培育月兔、黑滑石、马家柚、铜钹山、挖掘机五大产业品牌，辐射带动传统产业转型升级、新兴产业加速扩张、新型农业、休闲旅游业及物流业、建筑业的整体发展。为了能够更好地引导返乡农民工投身主导产业发展队伍，广丰县极力搭建全民创业的产业平台，围绕培育食品、IT、纸业、服装和非矿金属加工五大支柱产业，着力实施优强企业发展战略，县财政每年安排 1000 万元用于新上项目贷款贴息和奖励纳税大户，鼓励引导相关企业、配套产业向龙头企业集中，壮大产业集群。

（1）农业建设方面。围绕特色化、产业化、标准化发展思路，广丰县坚持用工业理念规划农业，用现代经营形式发展农业，用现代科技提升农业，着力培育发展马家柚、天桂梨、白耳黄鸡三大农业主导产业。马家柚被列入"1＋5"特色品牌战略之一，2012年安排扶持资金4370万元，2013年达到8600多万元，目前种植面积扩大为12万亩，吸纳民资上亿元。同时，天桂梨、白耳黄鸡等地方特色农业品牌发展态势良好。目前，广丰县天桂梨种植户已达2000多户，种植面积3万亩，年产值超2亿元；养殖白耳黄鸡1680万羽，产值达3亿多元。全县拥有县级以上农业龙头企业124家，农民专业合作社215家，特色农产品生产基地15.5万亩，带动农户8.6万户。

（2）工业建设方面。近年来，广丰县把工业强县作为主战略，以建设"千亿园区"为目标，大力实施龙头企业培育工程和中小企业成长计划，围绕食品、IT、纸业包装、鞋帽服装、非矿金属加工五大传统支柱产业，共实施13个5000万元以上企业技改项目，15家传统企业改造为高新企业，完成技改投入10多亿元，高新技术企业已占园区企业总数的70%以上。同时，重点培育和强势推进"黑滑石、新能源、循环经济"三大百亿元产业。

（3）服务业建设方面。广丰县把服务业作为县域经济最具潜力的增长点来抓，重点发展红木文化产业、挖掘机租赁劳务产业和旅游休闲产业，全力培育和打响"中国木雕城"、"铜钹山"和"中国挖掘机之都"等服务产业品牌，推进服务业集聚化、特色化、多元化发展。目前，广丰县已拥有"斯尔摩"红木、"月兔"橱柜两个中国驰名商标和14个省著名商标。同时，以重大项目为"杠杆"撬动服务业基础建设，全面提升经济辐射力，形成了月兔广场商业圈、工业园区商业区、广电中心综合体三大核心经济区域，拥有了 65 家各类金融机构、7 家全国大型连锁店、12 家综合性市场和 18 个专业市场。

（三）经验总结

1. 工业强县

广丰县始终注重打基础、管长远，把工业强县作为促进县域经济跨越发展的主战略，工业园区建设势头强劲，招商引资力度持续加大，固定资产投资持续增加，重大项目建设持续推进，工业经济提速升级。推进新型工业化、新型城镇化和农业农村现代化，是实现县域经济超常规发展的根本路径。其中，工业是县域经济的支柱。对于经济欠发达地区来说，尤其要突出工业强县优势，以工业的超常规发展促进县域经济的超常规发展。

2. 特色兴县

广丰县非常善于发挥本地优势、突出本地特色，深入实施"1+5"特色品牌发展战略，以"广丰人"品牌为核心，全力打造月兔、黑滑石、马家柚、铜钹山、挖掘机五大县域特色品牌产业。特色就是生命力，特色就是竞争力。发展县域经济，必须根据本地的历史文化、区位特点、资源禀赋、环境条件，因地制宜、突出特色，找准比较优势、培育特色产业，走符合当地实际的特色发展之路。

3. 创业富县

从改革开放初期的"十万斗笠闯天下"到如今的"六万挖机闹九州"、"万名老板创大业"，广丰县实现了由打工经济向创业经济的转变，铸就了善抓商机、勇闯市场、敢冒风险、吃苦耐劳的创业精神。一个地区要加快发展、进位赶超，最强大、最持久的动力就是全民创业，最根本、最有效的途径就是激活全社会的创业细胞。实现县域经济持续发展，就必须发动千家万户投身创业，让人人有事干、个个忙起来，让全民创业蔚然成风。

4.和谐安县

广丰县在加快经济发展的同时，看重富民与强县的有机统一，注重民生事业的发展，全力确保财政投入向民生倾斜，政策制定从惠民出发，民生工程从老百姓最关心的热点入手，增添社会的和谐因子，提升群众的幸福指数。"郡县富则天下富，郡县治则天下安。"只有坚持以人为本、和谐为要、稳中求进、改善民生，才能营造科学发展、平安和谐、宜居宜业、充满活力的县域发展环境。

五、龙南县——基于产业承接型县域科学发展模式

龙南县地处江西省最南端，隶属赣州市，自南唐保大十一年（公元953年）建县以来，已有千余年历史。龙南县土地面积为123.7平方千米，下辖8个镇、5个乡、2个林场和2个管委会。近年来，龙南县按照省委、省政府和市委、市政府的决策部署，紧紧围绕把龙南打造成赣州南部核心增长极、赣南次中心城市和赣粤边际区域性现代化中心城市、赣南苏区振兴发展先行区、全省深化改革开放试验区、承接珠三角产业转移首选区、赣粤边际生态文明示范区的战略目标，全面深化改革，真抓实干，经济社会实现了又好又快发展。2013年，全县国内生产总值突破百亿元大关，达到104.5亿元，增长10%。实现固定资产投资85.5亿元，增长20%。实现社会消费品零售总额21.5

亿元，增长 13.7%。受稀土市场行情持续低迷等因素影响，财政收入增速有所放缓，全年实现财政收入 11.84 亿元，增长 3.09%，其中公共财政收入 8.04 亿元，增长 23.4%。

（一）模式内涵

产业转移是当今世界经济发展大趋势，是由于资源供给或产品需求条件发生变化引起发达区域的部分企业顺应区域比较优势的变化趋势，将部分产业转移到发展中地区，从而在产业的空间分布上呈现出该产业由发达区域向发展中地区转移的过程和现象。所谓承接产业转移，主要是指在产业转移过程中，主动做好承东启西、贯通南北的区位优势，充分发挥资源优势、巨大的发展空间和人力资源优势，积极建设综合配套改革试验区，抓住历史性重大机遇，促进产业聚集，增强经济总量，提升经济质量，推进新型工业化进程。龙南县是江西距离珠三角和港澳地区最近的县，京九铁路、赣粤高速、105 国道三条交通大动脉贯穿全境，大庆至广州高速公路即将竣工，坐拥区位与交通优势，龙南县已经逐渐融入了"泛珠三角 3 小时经济圈"的核心地带，当仁不让地成为江西承接珠三角产业转移的"桥头堡"。

（二）主要措施和成效

1. 主要措施

（1）优化招商环境，完善配套服务。为方便外来投资者快速办理各种手续，龙南县建设行政服务中心，打造"政务超市"，派驻 30 多个部门单位在此设立办事点，为企业办理各类证照提供了一站式服务；企业物流服务跟不上，龙南县实施了赣粤物流商城、货物配送中心等配套建设项目；企业发展需要解决很多问题，龙南县开展了"百名干部联百企"活动,通过下派干部挂点帮扶企业,深入企业问难,政、银、企对接,治乱减负专项整治等活动,实现服务载体创新、服务形式拓展、服务质量优化;对列入重点扶持的进出口企业,实行"保姆式、一条龙"服务,及时协调和帮助解决企业在生产、扩建和出口等各个环节存在的困难和问题。为帮扶企业做大、做强,该县在汇森、勤业等外贸出口企业召开支持企业做大、做强现场办公会。

（2）严格规范相关制度,积极进行机制创新。全面清理各项行政事业性收费,有企业投诉个别执法部门乱收费,他们采取温情执法,建立行政事业性收费、罚款、检查监督机制。积极用足、用好、用活中央、省、市出台的各项政策,因地制宜地在自身权限范围内大胆创新,鼓励企业多创外汇,发展壮大;检验检疫部门通过提高普惠制证书签证量,积极帮助更多企业享受欧盟普惠制、《亚太贸易协定》等出口产品减免关税待遇;海关部门进一步简化审批手续,方便加工贸易企业办理内销征税手续,全力为企业开拓市场提供政策扶持和保障。汇森家具产品主要销往中东地区的阿联酋以及非洲的苏丹等国家。为了方便企业的出口贸易,该县口岸办积极协调海关龙南办事处、检验检疫龙南办事处,实行24小时通关服务,让汇森家具产品出口进入了绿色通道。如今,汇森家具成了全球最大的板式家具供应商,年出口额1.16亿美元,增长率达159%。

（3）创新招商模式,实现择商选资。龙南县将招商机制和手段逐步市场化,先后开创了代理招商、中介招商、以商招商、后方招商等别具一格、适应形势发展的招商新法。通过做优服务,让落户龙南县的客商以现身说法通过以商招商来招揽外商前来投资兴业,既省力又具有说服力。为了发挥互联网传播快、信息广的优势,龙南县建立了招商网站,向全世界发布招商信息,大规模进行网上招商。每年的招商月活动、赣南次中心城市推介大会、香港招商周等成为龙南招商引资的平台；该县的节会招商还利用各种节日、会议，成功吸引诸多外商。除了依靠本地干部、老板招商，该县还进行遥控指挥，通过聘请招商引资顾问招商、委托龙南县在外务工人员收集招商信息，实行了代理招商和信息招商。面对国家保护耕地政策，而企业用地困难的境况，龙南县实施了"零地招商"，即在不提供土地的情况下，通过做好服务，让落户企业扩大规模。

（4）调整相关规划，加快园区产业集聚。专业配套的特色产业园区是龙南县承接产业转移的一大亮点。为打造产业集聚平台，龙南县县调整完善了开发区总体规划、控制性详细规划和修建性详细规划，通过优化产业空间布局，推动各类要素向优势企业集中，加快园区产业集聚。该县对各园区进行产业定位，促进园区产业布局更加合理，加快了产业关联、产业配套、产业延伸项目的集聚。目前该县规划建设了以电子信息产业为主的大罗工业园、以稀土产业为主的新圳工业园和以再生资源回收利用产业为主的富康工业园等多个特色产业园区。

2. 主要成效

经过多年发展，龙南经济技术开发区已经形成稀有稀土金属加工、玩具制造、食品药品制造、纺织服装制造、再生资源加工利用、电子信息制造六大主导产业。坐拥区位优势，与珠三角地区无缝对接是龙南县承接产业转移的特色。龙南县顺应珠三角产业梯度性转移趋势，努力疏通和建立承接珠三角产业梯度转移的多种渠道，实行错位对接，努力争取龙南县与珠三角在产业转移和布局上取得共识，打造横向成群、纵向成链的区域经济板块。目前，珠三角区域已成为地处江西最南端的龙南县重要的投资来源地，其投资金额约占引进资金的2/3。同时，中国香港也成为龙南县重要的投资来源地，截至目前，落户龙南县的港资企业有 134 家，实际利用外资 5.7 亿美元。

近年来，龙南县成功引进了世界 500 强企业中国五矿，中国 500 强企业江苏雨润，大型国有企业广东广晟集团，中国香港上市公司黛丽斯有限公司、香港全利集团（控股）有限公司、香港华联集团，全国同行业中排名第三的国家级高新技术企业杭州大明荧光材料有限公司，常熟江南荧光材料有限公司等一大批国内外知名企业。如今，龙南经济技术开发区落户企业 250 多家，累计引进外资企业 171 家，实际利用外资金额累计达 6.5 亿美元；引进省外 5000 万元以上项目 59 个，实际利用省外 5000 万元以上项目资金 58.7 亿元。据统计，龙南县开放型经济占全县国内生产总值的比重为 65.1%，开放型经济提供的财政收入占财政总收入的比重达到 63.7% 以上，以开放型经济为主体的工业园区提供的税收占全县总税收的 73.6%，全县固定资产投资的 62.3% 来自招商引资承接产业转移项目。

（三）经验总结

1. 拥有明晰的招商思路

龙南县克服"引资饥饿症"，规定招商引资做到"三不选"，即不选投资规模小、发展前景一般、引进成本过高以及环境危害严重、影响可持续发展的项目，而是选择产业层次高、集聚能力强、科技含量高、资源消耗低的项目和企业。同时，改变以往先签约、再评审的做法，招商引资项目必须先由各有关部门"三堂会审"，请专业机构和专家把关过滤，进行综合评估，只有会审通过才可能进行签约。

2. 真正从企业的角度思考问题

龙南县的决策者通过工业调研，发现项目开发、项目用地、征地拆迁、用工保障和环境优化是当前企业面临的几大难题。为了解决问题，成立了专项工作小组，通过一系列创新做法使各类难题得到有效缓解。以招工为例，该县推进驻外招工、以工招工，把3个招工站设在人力资源丰富的地区，成立了流动专职招工队，将招工任务纳入乡镇工作考核，组建县乡村组四级劳务协会，实行乡镇与重点企业用工挂钩联系制度和选拔生返乡招工制度。同时，还在工业园区企业建立实训基地15个，免费为村民提供各种技能培训。

3. 创新方式，推动招商引资战略升级

龙南县建立激励单位抱团招商的利益机制，推进专业化、产业化、市场化招商和网络招商、组团招商，全方位承接珠三角产业转移。充分发挥国家部委的人脉、商脉优势，举办"百家食品药品企业走进龙南苏区"、"知名企业走进龙南苏区"等活动，引进战略性投资项目落户。切实提高签约项目履约率、资金到位率和投产达产率，提升招商引资质效。出台支持招大引强的政策措施，注重择商选资，深化政企对接。

4. 打造产业集群，实现承接产业整体转移

龙南工业园已经开始形成具有一定规模的产业集群，围绕着这些产业集群，龙南县开始实施以产业链为主要内容的重点项目引进，坚持以工业六大主导产业及其配套协作企业为重点项目，以珠三角为重点区域，瞄准大企业、大集团，主动出击，积极对接，着力在承接产业组团式转移和产业链整体转移上取得突破，实行一个产业由一支招商队伍跟踪、一批项目配套、一套政策扶持、一批人员服务，促进产业做大、项目做全、企业做强，构建优势工业产业群。

六、南丰县——基于农业产业型县域科学发展模式

南丰县隶属江西省抚州市，下辖 7 个镇、5 个乡、1 个垦殖场、175 个村委会、8 个居委会、1342 个村民小组，土地总面积为 1909.28 平方千米，2013 年人口为 30 万。2014 年，南丰县生产总值达 97.9 亿元，增长 9.9%；三次产业比由 2013 年的 30.2∶33.4∶36.4 调整为 29.2∶32.9∶37.9；财政总收入 10.5 亿元，增长 13%，其中税收收入占比 86.6%，比 2013 年提高 5.3 个百分点，提高值列全市第一。南丰县是驰名中外的南丰蜜橘原产地和主产区，蜜橘产业具有 1300 多年栽培史并成功申报为"中国驰名商标"，目前种植面积 70 万亩，总产值 23 亿斤。全县蜜橘专业合作社 92 家、蜜橘出口企业 24 家。其中国家级龙头企业 2 家，省级龙头企业 5 家，市级龙头企业 19 家，年产值突破 20 亿元，带动相关产业产值近 40 亿元。

（一）模式内涵

南丰县突出现代化打造特色农业，大力发展高产、高效、高附加值种养业，不断提高高效经济作物产值占种植业产值比重和养殖业产值占农业产值比重。按照不同区域的自然禀赋和资源优势，大力推动优势农业产业向优势区域集中，建设集中连片的优势特色农业生产基地。大力实施"百县百园"建设工程，推动每个县（市）建立 1 个以上高起点、高标准、高水平现代农业示范园区。实施农产品品牌战略，强化农产品地理标志和商标保护。建立健全农产品质量安全和食品安

全追溯体系，全面推行无公害生产。创新农业经营方式，扶持发展规模化、专业化、现代化的新型农业经营主体。加快发展农民合作社，支持组建合作社联社。

（二）主要措施和成效

1. 主要措施

南丰县把特色农业作为县域经济全面发展升级的重要基础，按照产业规模化、产品特色化、生产智能化、技术标准化、营销品牌化和组织现代化"六化"路径，推进农业现代化发展。具体措施如下：

（1）创新农业经营模式。加强龙头带动和专业合作组织联动，采取"公司＋基地＋农户"、"公司＋合作社＋农户"等模式，着力培育农业新型经营主体。加强和规范农民专业合作社建设，完善专业合作社管理机制，探索组建蜜橘、甲鱼等农村专业协会。加速构建"1＋3"（蜜橘＋甲鱼、烟叶、白莲）特色农业体系，养殖甲鱼2万亩，种植烟叶7000亩，稳定白莲1.5万亩。加快农村土地流转，促进更多土地向种植大户、农民专业合作社、家庭农场、产业化龙头企业流转，形成适度的土地经营规模。

（2）促进蜜橘产业链延伸。南丰县加强蜜橘产业与工业、旅游、文化、资本相结合，首先，着力引进一批蜜橘精深加工，以及蜜橘残次果、烂果处理加工企业，还加大蜜橘果酸、果醋、保健品、香料等新产品的开发力度，提升产品附加值。其次，推进以橘园游为主的休闲农业和乡村旅游建设，加快橘园变公园、橘园变游园步伐，切实把休闲观光渗透到农业当中。最后，围绕打造商贸物流聚集地，依托蜜橘产业，推进现代物流业发展，加速构建"1＋1"（休闲旅游＋商贸物流）现代服务业体系。

（3）完善农产品流通体系。加强农产品流通基础设施建设，培育发展一批省级重点农产品批发市场和全国性、区域性骨干批发市场。加强农产品仓储物流、邮政物流体系和电子商务平台建设，构建以城市便民菜市场、生鲜超市、城乡集贸市场为主体的农产品零售市场体系。鼓励大型商贸企业到农村设立网点，完善"万村千乡农家店网点布局"和商品配送体系，全面推进鲜活农产品农超对接、农批对接等产销衔接模式，培育现代流通方式和新型流通业态。

（4）借助银行缓解农民融资难问题。中国农业银行南丰支行明确县工业园区、琴城镇、市山镇、莱溪镇、洽湾镇等地种植面积在 30 亩以上的蜜橘种植大户、年销售额在 500 万元以上的蜜橘经销户和年销售额在 300 万元以上的农资商户为重点支持对象；按照由近而远、稳步推进的原则，根据当地农村经济特点，将全县 12 个乡镇、174 个村、50429 户农户划分为纯橘农、半橘农半米农、纯粮农和半粮农半林农四个经济圈。采用"公司＋农户"、"合作社＋农户"的方式，优选种植经验丰富、技术过硬、具备一定规模的蜜橘种植大户予以重点扶持，通过发放农村个人生产经营贷款满足其大额资金需求，推动蜜橘集约化、产业化、现代化发展。

2. 主要成效

南丰县农业发展有了新提升，产业结构进一步优化。南丰蜜橘产量达 125 万吨，果品外观内质都有所提高，优果率高达 85%，产地销售均价 1.7 元/斤，出口 4 亿斤，出口比例 16%。农业发展呈多业并进态势，甲鱼养殖面积 1.5 万亩，甲鱼规划上升到市级层面；粮食种植面积稳定在 42 万亩；蔬菜种植面积 13.8 万亩；烟叶种植面积 5400 亩，白莲、水产等稳步发展。全县各级龙头企业 22 家，其中，国家级 2 家，省级 5 家，市级 15 家，新增农民专业合作社 197 户，达 689 户，引导个体工商户转型升级为企业 21 户。农业产业结构进一步优化，产业化水平进一步提升。

南丰县以橘园游为主题的休闲旅游也取得巨大成就。目前，前湖庄园、南湾农庄、青源生态休闲农庄等 30 余个橘园游项目和采摘点投入运营，创评 7 个省级 3A、1 个省级 4A 乡村旅游示范点。成功举办"万人采橘、万人品橘"游活动，各示范点、采摘点人气爆棚，单日游客量最高突破 2 万人次。加快推进观必上乐园、潭湖、橘温泉等核心景区建设，创评 3 个 3A、2 个 2A 景区。建成"一中心三平台"。南丰县旅游知名度和影响力进一步扩大，人气指数进一步提升，全年游客接待人数为 215 万人次，增长 39%，旅游综合收入 15.4 亿元，增长 46.7%。

（三）经验总结

1. 积极推动城乡产业互动发展

南丰县引导工商资本到农村发展适合企业化经营的现代种养业，向农业输入现代生产要素和经营模式。优化城乡产业布局和对接，鼓励城市企业投资建设现代农业，城市劳动密集型和资源加工型产业向县城和小城镇转移，城市商贸、物流、金融、咨询等服务业向农村延伸。坚持以抓工业的理念发展农业，按照龙头化带动、工业化生产、品牌化经营、社会化服务的思路，大力发展特色农业、精品农业、绿色有机农业和观光休闲农业，构建"一乡一业、一村一品"的农业发展格局，强化龙头企业的发展和带动，提高农产品精深加工比例。

2. 注重农产品品质和品牌的提升

为了提高各类农产品的市场竞争力，按照生态、无公害、标准化要求，不断提高南丰蜜橘外观内质，抓好柑橘木虱和柑橘黄龙病的普查和监测工作，防止柑橘黄龙病在南丰县传播扩散。做好甲鱼品种选育和提纯，注重甲鱼产业新技术的引进，提高甲鱼养殖效益。加大农业新技术、新品种的推广，建立健全农产品质量追溯体系，稳步提高粮食、蔬菜、白莲、烟叶产量质量。积极引导各类农业专业合作社创建自己的品牌，加大各类品牌农副产品宣传力度，大力向国内外推介南丰县名优特产。

3. 视农产品加工和出口比例寻找突破口

首先，加快推进南丰蜜橘、甲鱼等特色农产品深加工，不断延伸产业链，提高农产品加工比例，提高产业附加值。其次，继续拓展南丰蜜橘国际鲜销市场，在稳定扩大国内销售网点和东南亚等主要出口市场基础上，着力拓展欧盟、美国和加拿大等高端市场，提高农产品出口比例。同时，积极开拓新的销售渠道，搭建电子商务平台，引导企业开展电子商务销售，进一步畅通国内外销售渠道。

4. 多管齐下帮助农民增收致富

通过开辟小额担保贷款绿色通道，大力扶持农村实用人才创业，实现农业产业转型升级，带动更多农民增收致富。中国农业银行积极推行农户小额授信、三人（含）联合担保、多户联保，同时辅助橘园基地、山林权"抵押担保"和"行业组织＋农户"、"公司＋农户"保证担保方式，有效解决了农户担保困难问题。此外，为了有效提升惠农服务质量，改行实施"机到村、卡到户、钱到账"的"三到"服务标准，为广大农户提供足不出村的金融服务，加大对重点乡镇、行政村"三农"服务点布设力度，设立"三农"金融服务点12个，布设惠农支付通12台和POS机1台，覆盖了1个乡镇、12个行政村，使农民足不出村就可以办理小额取款和缴纳保费等业务。

七、萍乡市——基于资源转型型科学发展模式

萍乡市是江西省省辖市，现辖芦溪、上栗、莲花三县，全市面积 3827 平方千米，2013 年人口 188 万。萍乡市是我国最老的工矿城市之一。境内煤炭资源分布广泛，近 40% 的土地面积有煤炭资源的蕴藏。2014 年，萍乡市实现生产总值 864.95 亿元，比上年增长 8.6%。其中，第一产业增加值 58.88 亿元，增长 4.5%；第二产业增加值 509.99 亿元，增长 9.6%；第三产业增加值 296.08 亿元，增长 7.3%。三次产业结构调整为 6.8∶59.0∶34.2。全年财政总收入 117.06 亿元，比上年增长 6.6%，其中，税收收入 97.91 亿元，增长 7.3%，占财政总收入的比重为 83.6%，比上年提高 0.5 个百分点。萍乡市因煤立市，因煤兴市，由一个农业地区发展成为江西的工业重镇，围绕煤炭的开发逐步形成了煤炭采选、矿山机械、冶金、建材、陶瓷等为主导的产业体系。2015 年 3 月，萍乡市入选"国家海绵城市建设试点市"行列，是江西唯一获批的设区市。

（一）模式内涵

萍乡市的经济、财政曾经严重依赖资源型产业，主要是围绕煤炭的开发利用形成的煤炭采选、煤化工、冶金、陶瓷、水泥等产业，第一产业、加工业、服务业极为脆弱，接续替代产业尚未形成。据统计，2006 年，资源型及其伴生产业产生的增加值达 73.36 亿元，占规模以上工业的比重在 90%；2007 年规模以上重工业增加值占全市规模以工

业增加值的比重达93%。然而，传统行业技术更新缓慢，产品科技含量低，产业结构单一，工业产品主要集中在冶炼和化工行业，矿产粗加工比重大，产品附加值低，原料矿产的综合利用水平低下。与全国12个首批资源枯竭型城市一样，萍乡市委、市政府在艰难中探索出了一条破解资源枯竭难题，进而促使城市转型的成功之路——把城市转型与城市创建的"双轮驱动"作为突破口，全面推动经济转型、社会转型、生态转型、文化转型。2011年，萍乡市委、市政府决定用8年的时间实现百年老矿的华丽转身，其中前4年着力培育自身发展能力，为全面实施经济转型计划奠定基础；后4年形成具有区域特色的优势产业，实现三次产业协调发展，城市经济实力和综合竞争能力大大加强，就业供需基本平衡。2008年，萍乡市出台了《萍乡市资源枯竭型城市经济转型规划方案（2008～2015年)》。2013年，出台了《萍乡市资源枯竭城市转型发展规划（2013～2020年)》。

（二）主要措施和成效

1. 主要措施

（1）改造和提升传统产业。加快运用高新技术和先进适用技术改造传统产业，提升企业技术装备水平和市场竞争能力。围绕改造和提升煤炭、陶瓷、建材、花炮、冶金五大优势传统产业，加大技改投入，推进兼并重组，促进产业聚集。以企业集团化、产业基地化为导向，依托资源优势，壮大电瓷、化工瓷、花炮、建材等传统产业，打造具有较强区域竞争力的优势产业。

（2）大力发展接续替代产业。萍乡市大力发展接续替代产业，构筑多元产业支撑体系。走新型工业化道路，采用先进适用技术和科技创新，大力改造传统产业的同时，发展新兴产业，提升产业整体技术水平和竞争力。立足于萍乡市经济社会发展基础和发展条件，着力引进先进技术和战略合作者，积极培育和壮大新材料、新能源、生物医药、先进装备制造等战略性新兴产业，加速培育引领和支撑未来发展的先导性、支柱性产业。此外，萍乡市还把发展现代服务业作为调整产业结构、扩大就业、加快城镇化进程的战略重点，全面推进服务业产业化、社会化、市场化进程，形成机制灵活、功能完善、开放度高、辐射力强的现代服务业体系。推进服务业规模化、品牌化、网络化经营，着力提升旅游业发展层次。

（3）积极推进招大引强策略。瞄准国内外500强、跨国公司等大型企业，多次赴珠三角、长三角、长株潭等地区推进重大项目合作，重点推进了中节能投资80亿元的节能环保领域全方位合作项目，比克电池与中煤科技合作建设油电混合动力、纯电动汽车生产项目。近年来，萍乡市先后出台《金融机构支持战略性新兴产业发展的实施意见》、《萍乡市战略性新兴产业科技创新投资引导资金管理暂行办法》等文件，提出着力构建科技、金融、人力资源等十大服务保障体系，着力加快推进战略性新兴产业发展。从2012年开始，财政每年拿出5000万元作为萍乡市战略性新兴产业投资引导资金，积极引进高层次人才。

2. 主要成效

经过城市资源转型发展方案，萍乡市产业结构调整速度加快，经济结构得到优化。全市采掘业及原材料加工业比率逐年下降，矿山企业由2007年的507个整合到2012年的300多个，2012年三次产业比例由2007年的9.1∶61.1∶29.8调整到7.2∶60.8∶32.0。煤炭（煤化工）、冶金、机械、建材、陶瓷五大传统优势产业得到全面改造和提升。新材料、新能源、生物医药、先进装备制造等战略性新兴产业快速发展，科技创新能力增强，综合创新能力名列全省前茅。2013年，萍乡市战略性新兴产业有规模以上企业122家，实现主营业务收入395亿元，占规模以上主营业务收入的27.3%；且五大战略性新兴产业项目占全市全部工业项目个数的32%，完成投资额160.43亿元，占全市工业完成投资的26%，成为推动全市产业转型升级的强劲"引擎"。

（三）经验总结

1. 准确的城市战略定位

萍乡市把城市定位为全国资源型城市转型示范城市和生态文明建设示范城市。所谓全国资源型城市转型示范城市，在推进科技进步、改造和提升传统产业、培育和壮大战略性新兴产业以及推进经济发展方式转变等方面取得重大突破；不断创新资源型城市转型发展的体制机制，尽快走出一条生产发展、生活富裕、社会协调、生态良好的科学发展道路，从而为全国资源型城市转型和可持续发展起到示范作用。所谓"生态文明建设示范城市"，就是大力发展循环经济和节能环保产业，推进重点行业、重点企业、重点地区节能减排，大力推广低碳技术，发展低碳经济，有效降低经济发展的资源能源消耗；加大对生态环境治理力度，围绕大气、水、声、固体废弃物和矿山环境，开展综合治理和整顿，加强对生态环境的保护和建设，促进环境与经济的协调发展，使萍乡市成为生态文明建设的示范城市。

2. 以点带面的多层面转型

萍乡市以城市转型为核心带动多层面转型，一方面，当前经济增长日益由资源依赖转向创新驱动。萍乡市把增强自主创新能力和发展创新型经济作为转变经济增长方式、实现产业转型升级的主战略之一，通过实施科技大开放、大联合来发展创新型经济。另一方面，萍乡市以"四城同创"改变"煤城"面貌，并以"南延北扩"拉开城市框架，以创建促转型、以转型促创建。2009 年，该市开始实施城市建设的"南延北扩"战略，启动包括萍乡经济开发区、安源区、新城区在内的约 40 平方千米的城市新区建设。2014 年，萍乡市审议通过了《萍乡市新型城镇化规划（2014～2020 年)》。到 2016 年，全市城镇化率将达 65% 以上，城镇人口达到 110 万，市中心城市面积达 75 平方千米，人口 75 万，并建成城镇发展质量明显提升，初步构建结构合理、布局协调、生态良好、功能互补的现代都市城镇体系。

3. 完善的保障机制体制

首先是合理的组织保障。为加强对转型工作的领导，江西省建立由省发改委牵头的促进资源枯竭城市可持续发展工作联席会议制度，负责研究拟订资源型城市可持续发展的重大政策措施，指导编制转型规划，协调解决重大问题。萍乡市成立市委书记为组长、市长为副组长，政府有关部门和县区政府主要领导为成员的萍乡市经济转型工作领导小组，县区也相应成立了领导机构。领导小组下设正处级办公室，并安排 6 个事业编制，与萍乡市发改委合署办公，共同推进转型工作。其次是完善的体制机制。萍乡市积极探索，把建立资源开发补偿机制和衰退产业援助机制作为重点工作。萍乡市建立了资源开发补偿机制，江西省政府已批准同意萍乡市从采矿企业的经营收入中按每吨 4～6 元的标准征收生态恢复可持续发展资金，主要用于因采矿引起的生态破坏治理和修复。《萍乡市煤炭可持续发展资金征收管理办法》已颁布实施。最后是严格的建章立制。为使中央和省财力性转移支付能发挥最大效益，实实在在为群众办好事，萍乡市参照国债资金管理规定，制定《萍乡市资源型城市转型专项资金使用管理暂行办法》，规定了转移支付资金使用范围，明确了资金申请条件，制定了申报、审核、审批和拨付程序，监督检查和验收要求等。通过建章立制，确保资金不挤占、不挪用，充分发挥资金使用效益。

4. 大肆进行舆论宣传

萍乡市为了加大舆论宣传力度，制定《萍乡市资源型城市转型工作宣传方案》。按照方案要求，召开全市资源型城市转型工作动员大会；通过报纸、电视、电台等媒体对转型工作进行持久而广泛的宣传报道；在社区、街道等公共场所通过张贴标语、悬挂横幅、设置广告灯箱等方式宣传转型工作；在全市范围内广泛开展"我为城市转型做贡献"大讨论活动，并将活动成果汇编成册；编辑出版《萍乡市资源型城市转型简报》，报道转型重要活动，介绍转型先进经验，反映转型进展情况。

八、分宜县——基于国企改革型县域科学发展模式

分宜县隶属江西新余市，下辖 6 镇 4 乡 1 场 1 个办事处和 1 个省级工业园区，127 个行政村和 11 个居委会，总面积 1389 平方千米，2014 年全县户籍总人口为 33.65 万。2014 年，全县生产总值 191.61 亿元，比上年增长 8.1%。其中，第一产业增加值 172541 万元，增长 4.6%；第二产业增加值 1085524 万元，增长 10.1%；第三产业增加值 658083 万元，增长 4.0%。三次产业结构由上年的 9.3∶57.1∶33.6 调整为 9.0∶56.7∶34.3。财政总收入完成 27.36 亿元，比上年增长 3.2%，其中，税收占财政总收入的比重为 71.2%，比上年下降了 3.18 个百分点。分宜县曾是全省 30 个重点工业调度县之一，有驻县

中央、省、市属企业和县属预算内工业 29 家。当市场经济大潮席卷而来，由于机制不活、缺少投入、设备老化等原因，这些企业几乎陷入全面亏损的境地，资产负债率最低的也有 89%，高的达 500% 多。多年来，分宜县借实施大开放的主战略"东风"，成功地走出一条引进外资与国有企业改革相结合，进而实现企业转制的新路子。由于分宜县规模工业主营业务收入增速惊人，连续多年获得省委、省政府颁发的"全省工业崛起年度贡献奖"。

（一）模式内涵

分宜县乘势而上，在全省率先出台加快国企改革改制的系列措施，以产权改革为核心，以盘活存量资产为突破口，因企制宜、一厂一策，大力招商引资，通过联合兼并、出让破产、改制重组、引入战略投资者等形式，嫁接改造、整合转换国有企业，赋予其新生力量。着眼于县域经济可持续发展和工业整体运行质量效益提升，分宜县在推进国企改革重组伊始，就确立了高起点推动工业产业结构优化升级，以及瞄准重点产业发展方向打造工业核心竞争力的目标。分宜县盯住国内相关行业领军企业，寻找合作机会，成功引入安徽海螺、中信国安、中电投、江钨集团、泰豪科技、宁波华翔和上海运良等一批国内外知名企业，参与重组或收购县内国有企业。多年来，分宜县成功地走出一个引进外资与国有企业改革、改组和改造相结合，进而构建企业转制、产业转型、结构优化、财政增收、企业增效、职工得益的"新样板"。

（二）主要措施与成效

分宜县企业改革深入推进，煤矿电机厂改制重组全面完成，中储粮收购部分粮食企业顺利完成，森林采伐管理改革等林权配套改革取得成效，组建了分宜县林业投资有限责任公司和分宜小城镇建设投资公司，为承接大项目、吸纳大资金、促进大发展搭建了大平台。围绕现有产业和资源优势延伸产业链、加快园区平台建设等方面取得明显成效，形成了四大产业雏形：以海螺水泥、珠江矿业等企业为支柱的矿产产业雏形；以江锂、旭粤等企业为龙头的新材料新能源产业雏形；以江锻重工、宏大电机和驱动桥等企业为支柱的机械制造产业雏形；以好英王、盛泰、卓照等企业为代表的光电产业雏形。珠江矿业、海螺水泥、恩达家纺、江锻重工、驱动桥等骨干企业完成了技改升级，企业规模明显壮大，产能得到提升。2014 年，规模以上工业企业 78 户，实现主营业务收入 2940577 万元，比上年增长 7.4%；利税总额 240254 万元，比上年下降 1.4%；利润总额 136598 万元，比上年下降 6.6%；完成增加值 621782 万元，比上年增长 10.7%。按经济类型分，国有控股企业增加值 64622 万元，比上年下降 0.7%；集体企业增加值 2355 万元，比上年下降 9.7%；股份制企业增加值 480014 万元，比上年增长 11.8%；外商及港澳台投资企业增加值 41795 万元，比上年增长 0.5%；私营企业增加值 97618 万元，比上年增长 11.3%。

（三）经验总结

1. 靠大联强，实施国企改革

在计划经济时期，国家就在分宜县布建了 16 家中央、省、市属企业和 13 家县属预算内工业企业。然而，市场经济运行下，这些企业绝大多数处于停产和半停产状态，国有企业改革刻不容缓。分宜县首先选择了县属国有骨干企业分宜水泥厂进行改制，主动寻找国内水泥行业龙头——安徽海螺公司，以净资产进行收购，组建分宜海螺公司。

分宜海螺仅用20多个月的时间就新建成了一条日产2500吨的水泥生产线。分宜县继续以靠大联强的形式引进了宁波华翔、江西燕京等一批颇具实力的知名大企业、大集团，组建了一批新型骨干企业，初步形成了一个有很强实力的骨干企业阵营，有力地支撑了全县工业经济乃至整个县域经济的发展。仅到2009年，分宜县属国有（集体）工业企业改制率就高达99%。

2. 战略合作，促进企业抱团发展

分宜县在巩固国企改革成果的过程中，采取战略合作的新思维促进企业抱团发展，使一批重点企业形成核心竞争力，发挥示范带动力，真正走上"专、精、特、新"之路。如江西江锂公司与世界500强企业摩根士丹利、沃尔玛德同资本在中国合作的资源型战略伙伴关系，已成为江西省产业经济"十百千亿工程"重点企业、省高新技术企业。又如江西利新橡胶公司收购上海运良锻压有限责任公司和江西省科工委分别持有的60%和10%的股份，成为其最大股东，这是分宜县主动帮助改制企业实行二次战略合作的范本。

3. 提质增效，推进产业转型升级

项目要发展，品质是关键。由于历史原因，分宜县工业传统产业比重较大。所以，分宜县按照"调高、调优、调新、调绿"的要求，用高新技术嫁接改造电力能源、机械铸造、苎麻纺织等传统支柱产业，推动传统工业转型升级。如分宜发电厂曾是个煤粉炉小机组发电的省属企业，被列为关闭企业。该县立足周边地区劣质煤、高硫煤资源丰富的优势，抓住国家推广洁净煤发电技术机遇，争取到中国电力投资集团公司对该厂进行股份制改造，建成拥有国内自主知识产权的首台10万千瓦、20万千瓦、30万千瓦循环流化床锅炉发电机组项目，成为全国循环流化床锅炉发电基地，并将发电核心技术输出到越南。又如，分宜海螺利用新型干法熟料生产技术进行技术改造和建设纯低温余热发电站，使传统水泥产业发生了脱胎换骨的变化。

4. 盘活资产，灵活解决资金难题

分宜县从困难企业中发现特有的资源，通过盘活有形或无形的存量资产，创造性地加以运作，以此来吸引合作伙伴，启动改制重组进程。如分宜电厂6台5万千瓦机组必须在1999年以前关闭，1859名职工即将面临失业。分宜县委、县政府和企业领导多次进京游说，终于在2002年争取到了国产首台10万千瓦循环流化床锅炉发电机组项目。紧接着在2006年，争取到国产第一台20万千瓦循环流化床锅炉发电机组并网发电，以及国产第一台33万千瓦循环流化床锅炉发电机组，仅这两台机组带来的税收就在5000万元以上。

九、樟树市——基于传统文化型县域科学发展模式

樟树市隶属江西宜春市，1988年撤县设立县级樟树市，下辖5个街道办事处、10个镇、4个乡，全市总面积1291平方千米，2014年人口60.62万。2014年，樟树市实现生产总值292.27亿元，比上年增长10.2%，分别比全国、全省和宜春市高出2.8个、0.5个和0.2个百分点。其中，第一产业增加值29.80亿元，增长4.6%；第二产业增加值170.87亿元，增长11.6%；第三产业增加值91.60亿元，增长9.8%。三次产业结构比由2013年的10.5:59.2:30.3调整为10.2:58.5:31.3。全年财政收入42.05亿元，比上年增长15.2%。其中，税收总收入36.55亿元，增长24.1%，占财政总收入的比重达到86.9%。

樟树市因树而得名、因酒而立市、因药而扬名、因盐而闻世，具有悠久的历史文明、厚重的文化底蕴，历史上是江西四大名镇之一。樟树市以其特有的药材生产、加工、炮制和经营闻名于世，是中国著名的南国药都。1990年，樟树市第二个进入全省财政收入亿元县市行列；1993年进入全国百强县市行列，是江西省第一个闯入全国百强县；2002年被列为江西省六大重点旅游城市之一。2014年，樟树市被确认为国家中药原料生产供应保障基地、国家新型工业化中医药产业示范基地。

（一）模式内涵

区域文化彰显城市品位，城市传递区域文化烙印。所谓传统文化型县域科学发展模式，主要是指县域紧紧围绕本县的传统文化做足、做深、做透文章，以县域传统文化的挖掘、弘扬、提升为主"抓手"，坚持传统文化与经济建设齐抓、传统文化与项目建设并重，把传统文化进行产业化，将县域的传统文化资源优势转化为经济优势，成为一个县新的经济增长点和稳固的财源。樟树市拥有1800多年的药业传承史，享"药不到樟树不齐，药不到樟树不灵"之美誉，樟树市医药产业集群被列为全省20个示范产业集群之一。在第44届全国药交会开幕式上，中国中药协会正式授予樟树市"中国药都"称号，由此，樟树市成为国内唯一被行业协会认定的"中国药都"。

（二）主要措施与成效

1. 定期举办药交会，为药商提供交易平台

"樟树药交会"是一个老字号的药界会展品牌。每年一度的全国药材交流大会，是医药行业技术、成果产品、信息、政策、产销交流

的大规模盛会。1958 年，国家医药管理局确定樟树、河南百泉与河北安国为全国三大药交会主办地，至今樟树市已经举办了 45 场药交会。据了解，2014 年的第 45 届药交会上，共吸引了国内 700 余家医药企业参展，参会医药厂商 1.1 万余家，参展品种 1.6 万余种，参会代表超过 10 万人。本届药交会投资推介会共签约项目 12 个，合同资金 46.5 亿元，同比增长 17.93%。这些项目均为落户樟树市的亿元以上项目，其中 10 亿元以上项目 4 个。项目涵盖了医疗器械、中药饮片、食品保健、药材药品的研制、生产和流通以及医药园建设等方面。

2. 借药文化发展旅游业，促进产业融合发展

樟树市建设和修复了仁和"863"医药科技园、三皇宫、通慧禅寺、药码头等药文化景观，形成了以葛玄路旅游公路为主轴线的旅游发展格局。2014 年，樟树市还相继出台了快速推进樟树市旅游产业发展的相关意见，从政策、资金、机构、人员队伍、项目规划建设上给予大力支持。此外，随着中国药都药膳养生宴、药茶药酒等旅游商品研发相继完成，樟树市新引进开元名都五星级酒店品牌，在市场营销、行业监管方面也将加大投入、拓展思路，通过业务培训、技能大赛提升服务品质，通过主题活动策划、目标市场营销等途径打响品牌，通过"智慧旅游"的创建，创造出更便捷、更通畅的旅游公共服务平台。

3. 打造药材基地，加速药材产业转型升级

樟树市一方面非常注重引入现代物流，另一方面很重视将自己打造成药材的生产基地、加工基地。近年来，樟树市围绕实现中药产业化、现代化、国际化的发展目标，加速中药材产业的改造升级和创新。以农业结构调整为契机，樟树市加快了中药材种植业的产业化、标准化的步伐，扩大了中药材种植规模，品种达 1700 余种；以技术创新为

手段，实现传统加工技术与现代科技相结合，发展壮大了樟树制药厂和清江制药厂等全国重点中药材生产企业，培育了以年产值达 2.6 亿元仁和集团为代表的一大批民营药品生产、流通企业。在这种良好的发展形势下，樟树市中药材产业产值连续多年以年均 30% 的速度快速增长，全市中药产业年创产值超过 12 亿元。

（三）经验总结

1. 积极创建各类基地和平台

近年来，为了创建国家新型工业化中医药产业示范基地，把中医药产业打造成樟树市重要的增长极和全省最大、在全国有重要影响力的中医药产业基地，樟树市出台了《关于加快医药产业发展的若干政策意见（试行)》等一系列扶持政策，做大、做强龙头企业。为了适应医药产业转型升级，樟树市还建设了樟树医都医药物流园。2014 年新签约九州现代医药物流园、中药创新集群暨产业物流孵化园等 5 个药都医药物流园项目，合同资金达 36.5 亿元，这 5 个项目达产达标后预计年销售收入 136 亿元，年税收 1.35 亿元。此外，樟树市建设了现代中药规范化种植基地、现代中药制药原料生产基地、现代中药产品生产基地、现代中药物流基地、现代中药制药科研孵化基地五大产业基地；创建了中药技术服务平台、中药产品研发公共服务平台、一站式中药产品电子商贸平台、高效的中药技术产权交易平台、辐射全国的仓储物流平台、大型中药会展交易平台、中药产品监督检测平台、快捷的中药信息服务平台八大服务平台。

2. 着力打造完整的医药产业链

樟树市通过加大引导和投入力度，聚合各种生产要素，完善并延伸药业产业链条，形成了"种药富民—制药升值—以药兴市"的发展模式。以中药材种植为基础，以医药生产加工为核心，以医药商贸为带动，以产业园区发展为动力，打造医药原料、医药物流、医药展会、医药媒体、医药专业教育产业链条，形成了以药品生产、加工、中药材种植、保健品研发、药品流通、电子商务、物流等配套的医药产业集群基地，呈现出药地、药企、药市、药会齐头并进，生产、加工、销售、科研一体化的医药产业发展格局。同时，樟树市加快中药材种植加工业的升级改造，扩大中药饮片、原辅料业规模，贯通以中药为核心，包含中药饮片、中成药的医药产业链，依靠产业链推动企业聚集和企业间的配套联合，形成中药材种植及加工、中药炮制、中药保健品、中成药产业集群。

3. 充分发挥专业合作社的作用

樟树市尝试通过中药材种植专业合作社，将中药材种植户集合到一起，形成规模优势，推动农业产业化发展。优秀的合作社等中介组织的主要作用就是引导中药材种植户走专业化、标准化、规范化和集约化的道路，进而有效提高中药材种植的专业化和市场化水平。如从种植、加工、销售三个环节规范中药材种植管理，提高产品质量。具体而言，在选育、培育方面，选择优质品种的黄栀子种植，采用生态有机肥培育，能提高黄栀子的品质和产量；在销售方面，将原来那些规模小、分散、无序的个体商贩的粗放经营方式通过中药材种植专业合作社转变为统一收购，统一销售的产业化道路，这样能有效发挥樟树市中药材种植的优势，提高中药材种植专业化和市场化水平。

参考文献

［1］安士婧．县域经济发展模式创新的理性思考［J］．黑河学院学报，2012，3（3）．

［2］曹和平．瑞士模式：地区经济发展的第三种选择［J］．决策，2005（8）．

［3］蔡玲，李春成．国内县域经济发展模式评述［C］．2007 中国科协年会暨第四届湖北科技论坛分论坛文集，2007．

［4］查振样．珠江三角洲农村地区经济发展模式研究［J］．特区经济，2002（12）．

［5］陈大圣．2012 年江西省将实现工业单位增加值能耗同比下降 4%［EB/OL］．http：//news. jxgdw. com/jszg/1786774. html.

［6］陈庆超，田雨林．江西省山区县划分问题的雏议［J］．江西林业科技，1984（4）．

［7］陈文胜，陆福兴．为中国县域发展把脉问诊——以湖南为例［EB/OL］．中国乡村发现网，http：//www. zgxcfx. com/Article/60106. html。

［8］陈泽浦．沿海县域经济发展模式研究——以山东沿海县市为例

〔D〕．中国海洋大学博士学位论文，2010.

〔9〕 陈志德．吉林省县域经济发展机制与模式研究〔D〕．东北师范大学博士学位论文，2006.

〔10〕 储东涛．长三角县域经济发展模式及路径创新〔J〕．江苏大学学报（社会科学版），2012，12（3）．

〔11〕 邓小平．邓小平文选（第三卷）〔M〕．北京：人民出版社，1993.

〔12〕 冯德显．县域经济协调发展战略研究〔J〕．地域研究与开发，2004，23（4）．

〔13〕 高焕喜．县域经济有关基本理论问题探析〔J〕．华东经济管理，2005，19（4）．

〔14〕 高新才．关于壮大县域经济的几个问题〔R〕．甘肃省县域经济发展研讨会，2004.

〔15〕 贺耀敏．集群式经济：我国县域经济发展的新思路〔J〕．西北大学学报，2004（1）．

〔16〕 侯景新．落后地区开发通论〔M〕．北京：中国轻工业出版社，2006.

〔17〕 黄润龙．数据统计与分析技术——SPSS 软件实用教程〔M〕．北京：高等教育出版社，2004.

〔18〕 黄贤全．美国政府对田纳西河流域的开发〔J〕．西南师范大学学报（人文社会科学版），2002，28（4）．

〔19〕 姜涛．县域科学发展综合评价指标体系研究——以山东省商河县为例〔D〕．天津大学博士学位论文，2010.

〔20〕 江西省人民政府，江西省行政区划〔EB/OL〕．http：//www.jiangxi. gov. cn/dtxx/jxgk/200807/t20080708_ 17668. htm.

〔21〕 江西省统计局农业统计处．县域经济竞相发展，崛起模式各具特色

[EB/OL] . http：//www. jxstj. gov. cn/News. shtml？p5 = 1782415.

[22] 江西省统计局国民经济综合统计处. 十六大以来江西经济社会发展
回顾系列统计报告之二十四——县域经济日渐成为江西崛起的筋骨
[EB/OL] . http：//www. jxstj. gov. cn/News. shtml？p5 = 2561934.

[23] 江西省统计局国民经济综合统计处. 加快我省县域经济发展系
列分析报告之——江西县域经济发展透视 [EB/OL] . ht-
tp：//www. jxstj. gov. cn/News. shtml？p5 = 14892.

[24] 垦利县统计局. 2010 年垦利县国民经济和社会发展统计公报
[R] . 2011.

[25] 孔小娜. 基于科学发展观的我国县域经济发展评价研究 [D] .
燕山大学硕士学位论文，2009.

[26] 李明. 珠三角人均 GDP 超万美元 [N] . 深圳特区报，2013 -
05 - 10.

[27] 辽宁工业转型研究课题组. 借鉴法国洛林经验，加快辽宁工业
转型 [J] . 中国软科学，1998（10）.

[28] 梁兴辉，王丽欣. 中国县域经济发展模式研究综述 [J] . 经济
纵横，2009（2）.

[29] 林峰. 中国特色县域经济发展模式研究——兼以河南省县域经
济发展模式为例 [D] . 湖南师范大学硕士学位论文，2006.

[30] 刘吉超. 中国县域经济发展模式研究评述及其反思 [J] . 企业
经济，2013（2）.

[31] 马丁. 试论瑞士经济发展模式 [J] . 杭州师范学院学报，1994
（5）.

[32] 南雄市统计局. 2014 年国民经济和社会发展统计公报 [R] . 2015.

[33] 朴振焕. 韩国新村运动：20 世纪 70 年代韩国农村现代化之路

（中文版）［M］．北京：中国农业出版社，2005．

［34］宋效中，贾谋，骆宏伟．中国县域经济发展的三大模式［J］．河北学刊，2010，30（3）．

［35］寿光市统计局，国家统计局寿光调查队．2011 年寿光市国民经济和社会发展统计公报［R］．2012．

［36］苏金明．统计软件 SPSS for Windows 实用指南［M］．北京：电子工业出版社，2000．

［37］谭炳才．珠三角发展县域经济的经验与启迪［J］．南方经济，2004（8）．

［38］谈国良，万军．美国田纳西河的流域管理［EB/OL］．http：//www. cws. net. cn/journal/cwr/200210/50. html.

［39］王力波，李建忠，王朋等．探寻寿光蔬菜产业发展长盛不衰之源［N］．山东科技报，2009 - 04 - 01．

［40］王盛章，赵桂滇．中国县域经济及其发展战略［M］．北京：中国物价出版社，2002．

［41］王文英．日本北海道综合开发的历史进程和成功经验［J］．苏州大学学报（哲学社会科学版），2006（5）．

［42］王一鸣．对发展县域经济的几点认识［J］．宏观经济研究，2002（12）．

［43］魏秀芬，于战平．我国县域经济的发展模式［J］．农村经营管理，2005（3）．

［44］吴易霖，郝时晋．创新机制承接产业转移，集成服务发展县域经济［N］．学习时报，2011 - 04 - 04．

［45］许宝健．县域经济发展：本质、关键和措施［J］．农业经济问题，2005（4）．

［46］ 邢志广．中国县域经济发展模式研究［D］．哈尔滨工程大学博士学位论文，2006.

［47］ 杨荫凯．中国县域经济发展论——县域经济发展的思路和出路［M］．北京：中国财政经济出版社，2005.

［48］ 余青青．广东县域经济科学发展研究［D］．中共广东省委党校硕士学位论文，2012.

［49］ 张应强．苏南模式、温州模式发展现状比较［J］．甘肃社会科学，2002（6）．

［50］ 赵伟．县域经济发展模式——基于产业驱动的视角［J］．武汉大学学报（哲学社会科学版），2007，60（4）．

［51］ 赵振华．义乌：小微企业发展的成功典范［N］．学习时报，2012－05－21.

［52］ 战炤磊．中国县域经济发展模式的分类特征与演化路径［J］．云南社会科学，2010（3）．

［53］ 张洪力．县域经济发展模式的理性思考［J］．中州学刊，2006（4）．

［54］ 朱肖蔓．韩国新村运动的发展与启示［EB/OL］．http：// www. caein. com/index. asp？xAction = xReadNews&NewsID = 24859.

［55］ 邹进泰，彭先镇．县域经济发展的四种模式［N］．湖北日报，2005－08－11.

［56］ Becker W. E. Business and Econmics Statistics with Computer Application［M］. Addison － Wesley Pubishing，1987.

［57］ Edgar M. H. , Frank G. An Introduction to Regional Economics［M］. Lfred A. , Knopf，1984.

［58］ Johmson A. R. , Wicherm W. D. 实用多元统计分析［M］．陆璇

译. 北京：清华大学出版社，2001.

[59] Ramanathan R. M. Introductory Economics with Applications（4th Edn）[M]. New York：Harcourt Brace College，1989.

后　记

　　县域经济是国民经济的基本单元，县域从业人口占我国从业人口的绝大多数，县域企业产值占据全国工业经济的"半壁江山"，县域是维系国计民生的主要根基。同时，县域也是目前中国弱势群体最主要的集聚地和各种社会矛盾的集聚区、高发区，是中国环境污染、人口和贫困问题的集中区域。县域经济作为中国全面建设小康社会的基本载体，其发展越来越突出地影响到政权稳定、社会稳定、农民增收以至于成为关系到提高综合国力，全面推进现代化建设的战略问题。县域科学发展模式的研究，以及促进县域经济科学稳健发展的研究，对于江西省建设小康社会和建设新农村具有重要的现实意义。

　　《江西县域科学发展模式及实现途径研究》一书首先归纳了美、日、韩，粤、浙、苏等国内外典型县域发展案例中科学发展模式和实现路径的宝贵经验；其次梳理了江西县域发展历程和阶段性特征，运用因子分析法对江西县域科学发展现状进行全面而具体的分析，并就江西县域发展中存在的问题挖掘了问题存在的深层次原因和总结了江西县域科学发展面临的障碍；再次探索并提出江西县域科学发展模式与机制创新、实现途径与完善措施；最后选择了 9 种不同的、典型的江西县域科学发展模式案例进行了详细的分析。

　　本书的研究工作得到江西省发改委组织的 2013 年江西区域发展研究课题的资助，特此表示衷心的感谢。本书的著作成员主要有：赵波（江西师范大学经济发展研究院教授，负责总体框架构建、修改定稿，第三、第六、第九章的撰写）；张新芝（江西师范大学财金学院副教授，负责第七、第八章的撰写）；罗小娟（江西师范大学经济发展研究院讲师，负责第四、第五章的撰写及全文统稿）；曾倩（江西旅游商贸职业学院教师，负责第一、第二章的撰写），感谢所有成员为本书的撰写付出大量精力。同时要感谢周国兰、喻学峰、朱丽萌、张明林、任艳胜、叶明和、刘盛华、唐天伟等团队成员为本书撰写和出版付出的辛勤劳动，还要感谢在实地调研中，各省级与地方（尤其是高安市、贵溪市、婺源县、广丰县、龙南县、南丰县、萍乡市、分宜县和樟树市）相关部门工作人员的大力配合，为本书提供了大量丰富而翔实的资料。书中有部分内容参考了有关单位或个人的研究成果，均已在参考文献中列出，在此一并致谢。由于时间较紧，且编者水平有限，本书若有不当之处，敬请读者指正。

赵　波

2015 年 4 月于南昌